Prólogo	1
1. Introducción al Diseño de Software	3
1.1. ¿Qué es el Diseño de Software?	3
1.2. Objetivos del Diseño de Software	3
1.3. Relación con la Ingeniería del Software	4
1.4. Relación con la Arquitectura de Software	5
1.5. La importancia del diseño en el desarrollo de Software	5
1.6. La historia y evolución del Diseño de Software	7
1.7. El ciclo de vida del software	10
2. Principios fundamentales del Diseño de Software	15
2.1. Principios SOLID	15
2.2. Principios DRY, YAGNI y KISS	17
2.3. Modularidad y Desacoplamiento	18
2.4. Conclusión	19
3. Patrones de Diseño: Soluciones reutilizables	21
3.1. Introducción a los Patrones de Diseño	21
3.2. Patrones Creacionales	25
3.3. Patrones Estructurales	37
3.4. Patrones de Comportamiento	48
3.5. Uso Apropiado de los Patrones de Diseño	59
4. Domain-Driven Design	67
4.1. ¿Qué es Domain-Driven Design?	67
4.2. Fundamentos del DDD	68
4.3. Elementos Principales del DDD	70
4.4. Contextos Delimitados	72
4.5. Patrones Estratégicos de DDD	74
4.6. Patrones Tácticos de DDD	75

4.7. Ventajas y retos del DDD — 77

5. Arquitectura de Software — 81

5.1. ¿Qué es la Arquitectura de Software? — 81

5.2. Arquitecturas Monolíticas — 84

5.3. Arquitecturas basadas en Microservicios — 86

5.4. Arquitectura Orientada a Servicios (SOA) — 89

5.5. Event-Driven Architecture (Arquitectura Dirigida por Eventos) — 92

5.6. Arquitectura Hexagonal — 96

5.7. Diseño basado en componentes — 99

6. Diseño de Software robusto y escalable — 103

6.1. ¿Qué es la escalabilidad? — 103

6.2. Técnicas para escalar — 105

6.3. Disponibilidad y tolerancia a fallos — 107

6.4. Seguridad en el Diseño de Software — 110

6.5. Mitigación de ataques comunes — 112

6.6. Desempeño y optimización del Software — 113

6.7. Resolución de cuellos de botella — 114

7. La calidad en el software — 117

7.1. Introducción a la calidad del software — 117

7.2. La ISO/IEC 25010 — 118

7.3. La calidad del producto — 121

7.4. La calidad del uso — 125

7.5. Definición de métricas de calidad — 127

8. Herramientas y técnicas para el Diseño de Software — 131

8.1. Modelado y documentación de arquitectura — 131

8.2. Diseño orientado a pruebas (Test-Driven Design) — 133

8.3. Refactorización de código — 136

El Arte de
Diseñar Software

Sergio Ramírez Gallardo

Sergio Ramírez Gallardo
© 2024

El Arte de
Diseñar Software

8.4. Uso de frameworks y librerías — 139

9. Retos comunes y cómo superarlos — 143
9.1. Gestión de la complejidad técnica — 143
9.2. Deuda técnica — 146
9.3. Sobreingeniería (Overengineering) — 149
9.4. Gestión del legado (Legacy Code) — 151
9.5. Problemas de escalabilidad — 154
9.6. Falta de documentación — 158
9.7. Problemas de dependencias externas — 161
9.8. Problemas de concurrencia — 164
9.9. Retos en la migración de sistemas — 168

10. El futuro del diseño de Software — 173
10.1. Inteligencia Artificial y Aprendizaje Automático — 173
10.2. Diseño basado en datos — 173
10.3. Low-Code y No-Code Platforms — 174
10.4. Computación cuántica y su impacto en el Software — 174
10.5. Arquitecturas descentralizadas y Blockchain — 175
10.6. Serverless Architectures y la desaparición del backend tradicional — 175
10.7. Edge Computing y el despliegue descentralizado — 176
10.8. Programación reactiva y sistemas Event-Driven — 176
10.8. Computación sostenible y Software verde — 177
10.10. Realidad Aumentada (AR) y Realidad Virtual (VR) — 177
10.11. Software Autónomo y Auto-Optimizable — 177

11. Conclusiones — 179
11.1. Resumen de Claves para un Buen Diseño — 179
11.2. El Camino del Diseñador de Software — 180

Prólogo

Hace más de 15 años, cuando comenzaba mi camino en el mundo del desarrollo de software, no tenía ni idea de lo que significaba realmente diseñar una solución. Como muchos, mi primer instinto era abrir el editor de código, escribir como loco, y resolver los problemas a medida que iban surgiendo. Así de simple, y a la vez, así de peligroso. Con el tiempo, y después de haber cofundado Kompyte y de haber trabajado en innumerables proyectos, empecé a darme cuenta de una cruda realidad: el código sin un diseño sólido es como un castillo de naipes. Puede parecer estable al principio, pero en cuanto le aplicas un poco de presión, todo se derrumba. Y cuando eso ocurre, lo que queda es un montón de deuda técnica, código inmantenible y, lo peor de todo, programadores frustrados.

No te voy a mentir, yo también caí en esa trampa muchas veces. No me tomaba el tiempo necesario para pensar en la arquitectura, en los patrones de diseño adecuados, en cómo estructurar la solución para que fuera escalable, fácil de mantener y capaz de adaptarse a los cambios inevitables que surgen en cualquier proyecto de software. Y claro, pagué el precio.

Fue a través de estos errores, y de ver a otros cometerlos también, que me di cuenta de la importancia crítica del diseño y la arquitectura en el desarrollo de software. Un buen diseño no es opcional, es la base sobre la cual construimos todo lo demás. Es lo que nos permite no solo resolver el problema de hoy, sino también estar preparados para los problemas de mañana.

Este libro no es otro conjunto de recetas mágicas ni un compendio de patrones de diseño sin contexto. Aquí vamos a profundizar en los porqués y cómos detrás de cada decisión de diseño. Veremos ejemplos claros y, lo más importante, aprenderemos a validar esas soluciones para asegurarnos de que realmente están resolviendo el problema de la mejor manera posible.

Mi objetivo es que, al terminar este libro, te sientas no solo más seguro al diseñar soluciones, sino que también desarrolles esa intuición necesaria para saber cuándo un patrón es la herramienta adecuada y cuándo debes buscar otra solución. Porque diseñar software es un arte y una ciencia, y como toda buena práctica, se perfecciona con el tiempo, la experiencia y, claro, con algunos errores en el camino. Así que si alguna vez te has sentido frustrado al ver cómo un proyecto se desmorona bajo el peso de su propio código, o si simplemente quieres mejorar tus habilidades de diseño y arquitectura, este libro es para ti. Vamos a aprender, reflexionar y, sobre todo, a diseñar soluciones que sean tan sólidas como flexibles. ¡Vamos a construir algo increíble juntos!

1. Introducción al Diseño de Software

1.1. ¿Qué es el Diseño de Software?

Imagina que tienes que construir una casa. Antes de empezar a cavar y levantar muros, necesitas un plan detallado: un plano arquitectónico que te diga cómo cada una de las piezas encajará en su lugar. El diseño de software es exactamente eso, pero para la creación de programas informáticos.

En términos simples y directos, el diseño de software es el proceso de definir la estructura, componentes, interfaces y otras características de un sistema o componente de software. Se trata de planificar cómo funcionará el sistema y cómo interactuarán entre sí sus diferentes partes.

1.2. Objetivos del Diseño de Software

El diseño de software no es solo sobre hacer que las cosas funcionen; es sobre hacer que funcionen bien. Permíteme ofrecerte una perspectiva más personal sobre esto. Durante mis años como arquitecto de software y cofundador de Kompyte, he visto un sinfín de proyectos que comenzaron con las mejores intenciones pero que se desmoronaron rápidamente debido a la falta de un diseño adecuado. Imagina un castillo de naipes. Se puede levantar con rapidez, pero a la más mínima brisa todo se viene abajo. La diferencia entre un proyecto basado en un buen diseño y uno que no lo tiene puede ser tan drástica como la diferencia entre ese castillo de naipes y una fortaleza construida en piedra.

Uno de los principales objetivos del diseño de software es asegurar la claridad y la comprensión en todo el proyecto. Un buen diseño asegura que el sistema sea comprensible, no solo para su creador, sino también para cualquier otro miembro del equipo o incluso para alguien que lo mantendrá en el futuro. Sin un diseño claro, el código se convierte en un laberinto en el que solo el autor original puede navegar (a veces incluso, ni él), lo que lleva a enormes desafíos de mantenimiento.

Otra meta esencial es la flexibilidad y extensibilidad. Cuando diseñamos software, necesitamos prever que el software tendrá que adaptarse y crecer con nuevos requerimientos. En Kompyte, uno de nuestros primeros productos necesitó varios cambios a lo largo de los años. Gracias a un diseño flexible y extensible, pudimos añadir nuevas funcionalidades y adaptarnos a las demandas del mercado sin necesidad de una reescritura completa.

También es crucial la reusabilidad. Un diseño bien hecho permite que componentes y módulos sean reutilizables en otros proyectos o contextos. En una ocasión, logramos reducir significativamente el tiempo de desarrollo de un nuevo proyecto reutilizando un módulo bien diseñado de un sistema anterior. Esto no solo ahorra tiempo, sino que también reduce errores, ya que se reutiliza código que ya ha sido probado y validado.

La mantenibilidad es otro pilar que no podemos permitirnos ignorar. Un buen diseño facilita la corrección de errores y la actualización del sistema a medida que cambian las necesidades. En proyectos anteriores, he visto equipos pasar incontables horas intentando descifrar y corregir código mal diseñado. Esto no solo es ineficiente, sino que también es desmotivante para los desarrolladores.

Por último, pero no menos importante, la eficiencia. Un buen diseño optimiza el uso de recursos y asegura un desempeño adecuado del sistema. He visto cómo una estructura de datos o un algoritmo mal elegido puede convertir un sistema rápido y ágil en un mastodonte lento e ineficaz.

1.3. Relación con la Ingeniería del Software

La ingeniería del software es una disciplina más amplia que abarca todo el ciclo de vida del desarrollo de software, desde la concepción inicial hasta el mantenimiento y la retirada. En este espectro, el diseño de software es una fase crucial que viene después de la identificación de requisitos y antes de la implementación del código.

Podemos decir que mientras la ingeniería del software abarca el "qué" y el "cómo" de la construcción de sistemas de software (incluyendo metodologías, herramientas y prácticas), el diseño de software se focaliza en el "cómo" específico de estructurar esos sistemas para que cumplan con los requisitos y sean mantenibles y escalables. Recuerdo un proyecto en el que nos saltamos fases de diseño para acelerar la entrega. ¿El resultado? Acabamos con un producto lleno de errores y costosas correcciones que necesitaron más tiempo del que hubiéramos invertido en un diseño inicial sólido.

1.4. Relación con la Arquitectura de Software

Si volvemos a nuestra analogía de la construcción, la arquitectura de software es como el diseño arquitectónico global de un edificio: define la visión de alto nivel y los principios rectores. El diseño de software, por otro lado, podría considerarse como los planos detallados que desglosan cada componente específico.

En términos formales, la arquitectura de software define la estructura global del sistema, identificando componentes principales, sus relaciones y las decisiones clave de diseño que afectan a todo el sistema. El diseño de software se encarga de detallar cada uno de esos componentes identificados en la arquitectura, definiendo sus responsabilidades, interfaces e interacciones específicas.

Mientras que la arquitectura establece las bases y direcciones generales, el diseño de software se sumerge en el detalle fino para asegurar que cada componente es funcional, eficiente y en coherencia con el sistema como un todo. En un proyecto particularmente grande de Kompyte, tuvimos que rediseñar varias veces partes del sistema debido a una arquitectura y diseño iniciales deficientes. Cada rediseño fue una experiencia de aprendizaje invaluable que nos subrayó la importancia de un buen diseño desde el principio.

Para resumir, el diseño de software es un arte (y una ciencia) esencial para crear sistemas robustos, eficientes y fáciles de mantener. Si queremos evitar el desastre conocido como "deuda técnica" (de la que hablaremos más adelante), invertir en un buen diseño desde el principio no es opcional: es una necesidad. Y en los siguientes capítulos, te enseñaré cómo hacerlo. ¡Adéntrate conmigo en este fascinante mundo del diseño de software y transforma tus proyectos en obras maestras!

1.5. La importancia del diseño en el desarrollo de Software

Hemos visto qué es el diseño de software y cuáles son sus objetivos. Pero ahora, vayamos un poco más allá y exploremos por qué es crucial. A lo largo de mi carrera, he sido testigo de cómo buenos y malos diseños pueden hacer o deshacer proyectos. El diseño de software no se diferencia mucho de otros muchos trabajos. Dejemos por un momento el teclado y el IDE apartado y hagamos un recorrido por otras profesiones.

Proyectos escalables

Imagina que estás construyendo un puente peatonal en un parque. Al principio, solo unos pocos caminantes lo usarán cada día, así que decides construir un puente simple, hecho de madera ligera. Todo funciona perfectamente hasta que, un buen día, el parque se convierte en el destino principal de la ciudad y miles de personas comienzan a cruzar el puente a diario. ¿Qué crees que pasará? Exacto: el puente se derrumbará bajo la presión, porque no fue diseñado para escalar.

El mismo principio se aplica al software. Si diseñamos una aplicación con la visión de que solo unas pocas personas la utilizarán, podemos encontrarnos en un grave problema si esa aplicación se vuelve popular. Sin un diseño pensado para la escalabilidad, los sistemas se colapsan bajo la presión del tráfico y los datos masivos. Un software bien diseñado es como un puente robusto hecho de acero, capaz de soportar el tráfico incluso si el parque se convierte en una metrópolis.

Proyectos mantenibles

Consideremos ahora un escenario en el que estás trabajando en una enorme biblioteca con miles de libros. Al principio, empiezas colocando los libros en cualquier estante disponible, sin un orden específico. Esto está bien hasta que alguien te pide encontrar un libro específico: ¡es un caos completo! Tienes que revisar cada estante para encontrar lo que buscas.

Ahora, ¿qué pasaría si hubieras diseñado un sistema desde el principio? Por ejemplo, colocar los libros por géneros, autores y títulos. No solo ahorrarías tiempo, sino que también otras personas podrían encontrar libros fácilmente. En el desarrollo de software ocurre algo similar. Un buen diseño, con módulos y componentes bien organizados, facilita la tarea de encontrar, actualizar y corregir el código. Hace que sea fácil de mantener y que otros puedan trabajar en él sin perderse en un laberinto de código desorganizado.

Proyectos robustos

Nuestro viaje nos lleva ahora a tener que diseñar una red eléctrica para una ciudad. Si construyes la red sin pensar en posibles fallos y contingencias, un pequeño problema como una sobrecarga podría dejar a toda la ciudad en la oscuridad. Sin embargo, si diseñas la red con sistemas de respaldo y rutas alternativas, puedes asegurar que incluso si una parte de la red falla, el resto de la ciudad seguirá teniendo electricidad.

En software, la robustez es similar. Un diseño robusto prevé los posibles fallos y establece mecanismos para manejarlos sin que el sistema entero se caiga. Imagina que tienes un portal de comercio electrónico y, un buen día, tu sistema de pago empieza a dar errores. Si tu diseño es robusto, el sistema podría manejar estos errores de manera que no afecten a todo el portal, permitiendo que los usuarios sigan navegando y añadiendo productos al carrito, por ejemplo.

Un buen diseño es una inversión

Déjame terminar con una analogía con una cocina profesional. Un buen chef no solo se preocupa por hacer deliciosos platos, sino también por cómo organizar su estación de trabajo para ser eficiente. Cada utensilio tiene su lugar, las herramientas están a mano y los ingredientes están ordenados. Así, cuando llega un pedido urgente, puede cocinar rápidamente sin perder tiempo buscando cosas. Asimismo, un buen diseño de software asegura que todas las piezas del código estén en su lugar adecuado, lo que facilita la implementación de nuevas características o la corrección de errores sin perder el ritmo.

A veces, en la prisa por lanzar un producto o cumplir con un plazo ajustado, la tentación de empezar a codificar sin un diseño previo puede ser fuerte. Sin embargo, a largo plazo, un buen diseño siempre paga dividendos. El tiempo invertido en planificar y estructurar el código de manera adecuada te ahorrará incontables horas de refactorizaciones, corrección de errores y frustraciones futuras.

Recuerda el viejo dicho: "Mide dos veces, corta una". En software, un diseño sólido no solo mejora la calidad del producto, sino que también hace que los desarrolladores sean más felices y productivos. Los equipos disfrutan trabajando en un código limpio, comprensible y bien organizado. El diseño adecuado es tu mejor aliado para evitar la deuda técnica, esa carga acumulativa de malas decisiones arquitectónicas y de diseño que pueden arruinar un proyecto a largo plazo.

El diseño de software es la base sobre la cual se construyen proyectos exitosos. Asegura que nuestros proyectos sean escalables, de modo que puedan crecer sin desmoronarse; mantenibles, para que podamos adaptarlos y mejorarlos con el tiempo; y robustos, para que funcionen incluso en las condiciones más adversas.

1.6. La historia y evolución del Diseño de Software

¿De donde viene todo esto?

El diseño de software, como cualquier campo tecnológico, ha evolucionado de manera significativa a lo largo de las décadas. Desde los primeros días del cómputo hasta las arquitecturas modernas que alimentan nuestros servicios en la nube, el diseño de software ha pasado por una transformación radical.

Los primeros días: La era de los Mainframes (años 50 y 60)

En los días tempranos de la informática, las computadoras eran grandes, costosas y de difícil acceso. Los mainframes dominaban el paisaje tecnológico, y el concepto de diseño de software era rudimentario. En esta época, el código solía escribirse directamente en lenguaje máquina o ensamblador. Los programadores literalmente "conversaban" con el hardware a nivel binario, y la documentación era mínima.

El diseño no era una prioridad, simplemente porque el foco principal era que el código funcionara en primer lugar. La mayoría del software se desarrollaba in-house, y los equipos eran pequeños. No existía una clara separación entre diseño y codificación; los ingenieros simplemente "hacían que funcionara".

La emergencia del Software modular (años 70)

Con la aparición de lenguajes de alto nivel como COBOL y FORTRAN, los programadores empezaron a pensar más en términos de abstracciones y menos en instrucciones de máquina. La necesidad de mantener y escalar el software llevó al surgimiento del concepto de modularidad. El mantra de "divide y vencerás" comenzó a aplicarse al diseño de software.

El artículo de David Parnas en 1972 sobre la descomposición modular es un hito en este periodo. Parnas introdujo la idea de que los sistemas complejos deberían descomponerse en módulos bien definidos, cada uno con una responsabilidad clara y interfaces precisas. Esto marcó el inicio de un pensamiento más estructurado sobre cómo diseñar sistemas de software.

El paradigma de la programación orientada a objetos (años 80)

A medida que los sistemas de software crecieron en tamaño y complejidad, la Programación Orientada a Objetos (POO) emergió como una solución innovadora. Lenguajes como Smalltalk y C++ introdujeron conceptos como clases y objetos, encapsulación, herencia y polimorfismo.

La POO cambió la manera en la que pensábamos sobre el diseño de software. Ya no estábamos solo agrupando funcionalidades en módulos; estábamos modelando nuestro software como una colección de entidades interactivas, cada una con su propio estado y comportamiento. Esto facilitó la reutilización del código y la creación de sistemas más flexibles y escalables.

La explosión del Software comercial y la Ingeniería del Software (años 90)

Los años 90 fueron testigos de una explosión en la producción de software comercial. La llegada de la web y el comercio electrónico amplió enormemente el alcance del software y, con ello, la necesidad de prácticas de diseño más rigurosas.

Fue en este contexto donde la ingeniería del software como disciplina comenzó a tomar forma. Modelos de desarrollo como el Ciclo de Vida en Cascada, y más tarde, el Modelo en Espiral, empezaron a incluir fases formales de diseño.

Los patrones de diseño, popularizados por el libro "Design Patterns: Elements of Reusable Object-Oriented Software" de los "Gang of Four" (Erich Gamma, Richard Helm, Ralph Johnson, y John Vlissides) se convirtieron en un recurso esencial. Estos patrones proporcionaban soluciones probadas para problemas comunes de diseño, promoviendo así mejores prácticas y facilitando la comunicación entre desarrolladores.

La era ágil y la Arquitectura Basada en Servicios (nuevo siglo)

Con la llegada del Manifiesto Ágil en 2001, la industria del software experimentó un cambio paradigmático hacia métodos de desarrollo más iterativos e incrementales. En lugar de pasar largos periodos en la fase de diseño antes de escribir cualquier código, los equipos ágiles desarrollaban incrementos de software funcional en ciclos cortos, lo que permitía recibir y incorporar retroalimentación de manera temprana y frecuente.

Este enfoque obligó a repensar cómo diseñábamos software. La arquitectura emergente y el diseño iterativo se convirtieron en prácticas comunes. Al mismo tiempo, los sistemas comenzaron a evolucionar hacia arquitecturas orientadas a servicios (SOA) y, eventualmente, a microservicios. Estas arquitecturas promovieron la creación de sistemas distribuidos compuestos de servicios independientes que podían desarrollarse, desplegarse y escalarse de manera autónoma.

La revolución del cloud computing y la adopción generalizada de prácticas de DevOps trajeron consigo nuevas demandas y oportunidades para el diseño de software. La infraestructura como código y las plataformas como servicio han hecho que el diseño incluyera no solo el código de la aplicación, sino también la infraestructura en la que se ejecuta.

En este contexto, la resiliencia, la escalabilidad horizontal y la observabilidad se convirtieron en consideraciones clave de diseño. Los diseños modernos ahora tenían que tener en cuenta cosas como la recuperación ante fallas, equilibrio de carga global y autoscalamiento.

El presente y el futuro

Hoy vivimos en una era de complejidad y diversidad en el diseño de software. Los avances en inteligencia artificial, Internet de las Cosas (IoT) y blockchain están empujando los límites de lo que es posible, y con ello, también están cambiando las consideraciones de diseño.

Las arquitecturas serverless y la computación en el edge están emergiendo como las nuevas fronteras, proporcionando nuevas formas de pensar sobre la escalabilidad y la eficiencia. Además, el diseño centrado en el usuario (UCD) ha ido ganando tracción, subrayando la importancia de comprender y anticipar cómo interactuarán los usuarios con el sistema.

En el capítulo 10 profundizaremos un poco en todos estos nuevos retos que pronostican grandes cambios en el mundo del diseño de software.

Reflexiones finales

El diseño de software ha recorrido un largo camino desde los días de los mainframes y el ensamblador. Cada avance y cada cambio en el paradigma han traído consigo nuevas oportunidades y desafíos, constantemente empujando a la industria hacia mejores prácticas y tecnologías más avanzadas.

A pesar de todas las evoluciones y cambios, la esencia del diseño de software sigue siendo la misma: encontrar formas efectivas y eficientes de resolver problemas complejos a través de la codificación. En los próximos capítulos, profundizaremos en técnicas y patrones específicos que han surgido a lo largo del tiempo, mostrando cómo pueden aplicarse para diseñar sistemas modernos y resilientes.

1.7. El ciclo de vida del software

El desarrollo de software no es una simple serie de pasos de "hazlo y olvídalo". En lugar de eso, es un ciclo de vida continuo donde cada fase es crucial para el éxito final del proyecto. Imagínate cultivar una planta: primero necesitas conocer los requisitos como el tipo de suelo y la cantidad de luz (Requisitos), luego decides cómo vas a plantar y cuidar la planta (Diseño), finalmente plantas la semilla (Implementación), supervisas su crecimiento (Pruebas) y, por último, la mantienes saludable, podándola y protegiéndola de plagas (Mantenimiento).

Ahora, veamos cómo cada etapa del ciclo de vida del software se asemeja a esta analogía y el impacto que tiene un buen diseño de software en cada una de estas fases.

Requisitos

Definición de la fase

La fase de requisitos es donde nace la idea. Aquí se identifican las necesidades y se definen los objetivos del software. Este paso es esencial para entender qué se espera del sistema y cuáles son sus limitaciones.

Impacto del Diseño

Un buen diseño comienza antes de que se escriba una sola línea de código. Durante la fase de requisitos, los arquitectos y diseñadores de software deben estar involucrados para asegurarse de que las necesidades están claramente definidas y que cualquier restricción del diseño se tenga en cuenta desde el principio. Por ejemplo, si en los requisitos se menciona que el sistema debe ser capaz de manejar un millón de usuarios concurrentes, esta expectativa debe influir directamente en cómo se planea la arquitectura y el diseño del sistema.

Diseño

Definición de la fase

En esta fase se crean los planos detallados del software. Esto incluye diagramas de arquitectura, diseño de componentes, especificación de interfaces y planificación de interacciones entre módulos. Es como esbozar los planos arquitectónicos de una casa antes de construirla.

Impacto del Diseño

El diseño bien hecho es fundamental en esta etapa. Aquí es donde se toman las decisiones clave que afectarán todas las fases posteriores. Si el diseño es robusto y escalable, la implementación será más fluida y las pruebas serán menos problemáticas. Además, un buen diseño facilita la identificación de posibles problemas antes de que se conviertan en obstáculos costosos de resolver. Por ejemplo, decidir usar un patrón de diseño como MVC (Modelo-Vista-Controlador) puede hacer el código más organizado y fácil de mantener.

Implementación

Definición de la fase

Esta es la fase en la que el diseño se convierte en código funcional. Los desarrolladores escriben el software basado en los requisitos y el diseño previamente definido. Su propósito es traducir las especificaciones del diseño en una solución práctica.

Impacto del Diseño

Durante la implementación, un buen diseño sirve como una guía clara. Los desarrolladores no tienen que preguntarse " ¿cómo debería hacer esto?", porque ya tienen un mapa detallado que seguir. Esto no solo mejora la eficiencia, sino que también reduce la probabilidad de errores. Además, un diseño modular facilita el trabajo en equipo, permitiendo que distintos desarrolladores trabajen en diferentes componentes sin interferir entre sí.

Pruebas

Definición de la fase

En esta fase se verifica que el software funcione como se esperaba. Incluye pruebas unitarias, pruebas de integración, pruebas de sistema y pruebas de aceptación del usuario, entre otras.

Impacto del Diseño

Un buen diseño de software no solo simplifica la implementación, sino que también facilita las pruebas. Si se han seguido principios de diseño sólido como la separación de responsabilidades y el acoplamiento bajo, las pruebas se pueden realizar de manera eficiente y efectiva. Los componentes bien aislados son más fáciles de probar independientemente y aseguran que los errores se detecten y solucionen más rápidamente. Además, un diseño orientado a pruebas puede incluir puntos de extensibilidad deliberados para facilitar la creación de entornos de prueba y la inyección de dependencias de prueba.

Mantenimiento

Definición de la fase

El ciclo de vida del software no termina una vez que el producto es lanzado. El mantenimiento es la fase en la que el software se revisa y se actualiza para corregir errores, mejorar el rendimiento o añadir nuevas funciones. Es la poda y cuidado continuo que nuestra planta necesita para mantenerse saludable.

Impacto del Diseño

En esta fase, el impacto de un buen diseño de software se siente más fuertemente. Un diseño robusto y bien planificado hace que el mantenimiento sea más sencillo, menos costoso y menos propenso a introducir nuevos errores. Cambiar, actualizar o añadir funcionalidades a un código bien diseñado se convierte en una tarea mucho más manejable. Si el diseño es deficiente, cualquier pequeño cambio puede convertirse en un dolor de cabeza, introduciendo errores colaterales y creando una bola de nieve de problemas que es cada vez más difícil de manejar.

Por ejemplo, actualizar una librería externa en un sistema bien diseñado puede ser una tarea simple de minutos, mientras que en un sistema mal diseñado, la misma tarea podría requerir días de ajustes y pruebas adicionales.

Conclusión

El ciclo de vida del software es un proceso continuo y cada fase está interconectada. Un buen diseño de software no solo impacta positivamente en una etapa específica, sino que tiene efectos benéficos a lo largo de todo el ciclo de vida del desarrollo. Desde la definición de requisitos hasta el mantenimiento continuo, un diseño sólido asegura que el software sea escalable, mantenible y robusto.

Así que, la próxima vez que pienses en saltar rápidamente a la fase de implementación sin dedicar suficiente tiempo al diseño, recuerda: el diseño no es solo un paso en el proceso; es el esqueleto que soporta a todo el cuerpo del proyecto. Invertir en un diseño de calidad desde el principio es una decisión que te ahorrará tiempo, recursos y dolores de cabeza en el futuro. En los próximos capítulos, profundizaremos en técnicas y mejores prácticas de diseño que te ayudarán a dominar el arte de diseñar software.

2. Principios fundamentales del Diseño de Software

El diseño de software es tanto un arte como una ciencia, y al igual que en cualquier otra disciplina, existen principios fundamentales que guían nuestras decisiones para crear sistemas eficientes, robustos y mantenibles. En este capítulo, exploraremos algunos de los principios más relevantes que cualquier desarrollador o arquitecto de software debe conocer: los principios SOLID, DRY, YAGNI y KISS. También discutiremos la importancia de la modularidad y el desacoplamiento en el diseño de software.

2.1. Principios SOLID

Principio de Responsabilidad Única (SRP)

El principio de responsabilidad única establece que una clase o módulo solo debería tener una razón para cambiar. En otras palabras, cada clase debe tener una única responsabilidad o propósito. Imagina que estás en una cocina profesional. Tienes un chef encargado de preparar los platos principales, un pastelero para los postres y un barista para las bebidas. Cada uno tiene su responsabilidad bien definida. Ahora imagina que el chef también tiene que hacer los postres y las bebidas. No solo sería abrumador para él, sino que la calidad de la comida probablemente disminuiría.

En software, si una clase tiene demasiadas responsabilidades, se vuelve más compleja y difícil de mantener. Por ejemplo, una clase que maneja tanto las operaciones de base de datos como la lógica de negocio y la interfaz de usuario viola el principio SRP. Separando estas responsabilidades en clases diferentes, logramos un código más limpio y fácil de mantener.

Principio Abierto/Cerrado (OCP)

El principio abierto/cerrado sostiene que las entidades de software (clases, módulos, funciones, etc.) deben estar abiertas para extensión pero cerradas para modificación. Esto significa que deberíamos poder añadir nuevas funcionalidades al sistema sin modificar el código existente.

Para entenderlo mejor, imagina un grupo de amigos que juegan regularmente a un juego de mesa. Cada vez que quieren añadir una nueva regla, en lugar de reescribir las reglas del juego, simplemente añaden una regla adicional sin alterar las existentes. Esto evita posibles errores y inconsistencias.

En software, podríamos aplicar este principio usando interfaces y herencia. Si necesitas añadir una nueva funcionalidad, puedes crear una nueva clase que implemente una interfaz existente o extienda una clase base, manteniendo el código existente intacto.

Principio de Sustitución de Liskov (LSP)

El principio de sustitución de Liskov establece que una clase derivada debe ser sustituible por su clase base sin alterar el correcto funcionamiento del programa. Es decir, los objetos de una clase hija deberían poder reemplazar a los objetos de la clase padre sin cambiar el comportamiento deseado del sistema.

Imagina una familia de aves: todas las aves pueden volar. Ahora bien, si introducimos una subclase de aves llamada "Pingüino", que no puede volar, y la sustituimos por una ave en nuestro código, el programa podría fallar porque no se cumplirían las expectativas de que todas las aves puedan volar.

En términos de software, esto significa que las subclases deben cumplir con las expectativas y contractos definidos por las superclases. Si tienes una clase Ave con un método volar, todas las subclases de Ave deben implementar volar de manera coherente.

Principio de Segregación de Interfaces (ISP)

El principio de segregación de interfaces sugiere que no deberíamos forzar a las clases a implementar interfaces que no utilizan. Es mejor tener varias interfaces pequeñas y específicas en lugar de una interfaz grande y general.

Imagina que tienes un control remoto universal que puede controlar la televisión, el aire acondicionado, el sistema de sonido y la iluminación. Aunque es práctico tener todas estas funciones en un solo dispositivo, también puede ser confuso y abrumador utilizarlo si solo necesitas cambiar el canal de la televisión. Sería más eficiente tener un control remoto dedicado para cada dispositivo.

En software, si tenemos una interfaz Dispositivo, sería mejor dividirla en interfaces más específicas como Television, AireAcondicionado, etc., en lugar de tener una sola interfaz que todas las clases deben implementar.

Principio de Inversión de Dependencias (DIP)

El principio de inversión de dependencias sostiene que los módulos de alto nivel no deben depender de los módulos de bajo nivel, sino de abstracciones. Además, las abstracciones no deben depender de los detalles; los detalles deben depender de las abstracciones.

Piensa en una lámpara que funciona con un interruptor. El interruptor no necesita saber si está encendiendo una lámpara incandescente o un foco de LED; simplemente necesita saber que está encendiendo una luz. Este desacoplamiento entre el interruptor y el tipo específico de lámpara permite una mayor flexibilidad. Puedes cambiar la lámpara sin cambiar el interruptor.

En software, esto se logra mediante el uso de interfaces o clases abstractas. En lugar de que una clase de alto nivel dependa de una clase concreta de bajo nivel, debería depender de una abstracción que puede ser implementada por varias clases concretas.

2.2. Principios DRY, YAGNI y KISS

DRY (Don't Repeat Yourself)

El principio DRY establece que cada pieza de conocimiento o lógica debe tener una representación única, no duplicada, en el sistema. La duplicación de código no solo aumenta la complejidad, sino que también hace que el sistema sea más propenso a errores. Imagina que escribes la misma fórmula matemática en diferentes pedazos de papel por toda tu casa. Si algún día necesitas cambiar esa fórmula, tendrías que rastrear todos los lugares donde la escribiste para actualizarla, lo cual es tedioso y propenso a errores.

En el desarrollo de software, aplicar el principio DRY significa refactorizar el código para eliminar duplicaciones, utilizando métodos, funciones, clases y componentes reutilizables.

YAGNI (You Aren't Gonna Need It)

YAGNI es un principio del desarrollo ágil que dice que no deberías añadir funcionalidades hasta que realmente sean necesarias. Imagina que estás construyendo una bicicleta. Decides añadirle un portaequipajes y un timbre, pero el cliente no los quiere y te encuentras con que has gastado tiempo y recursos en algo innecesario.

Aplicar YAGNI en software evita el trabajo adicional, y potencialmente inútil, permitiendo que te enfoques en lo que es realmente necesario para el proyecto en el presente. Esto no solo ahorra tiempo, sino que también reduce la complejidad y el riesgo de errores introducidos por funcionalidades no necesarias.

KISS (Keep It Simple, Stupid)

El principio KISS sugiere que los sistemas deben diseñarse con la mayor simplicidad posible. La simplicidad hace que el diseño sea más fácil de entender y mantener. Imagina que vas a construir una trampa para ratones. Puedes construir una trampa complicada con muchos componentes móviles, pero una simple trampa de resorte probablemente será más efectiva y fácil de usar.

En software, KISS significa no sobrecomplicar el diseño o la implementación con soluciones innecesariamente complejas. Mantener las cosas simples facilita el mantenimiento y la extensión del código, y reduce la probabilidad de errores.

2.3. Modularidad y Desacoplamiento

La modularidad y el desacoplamiento son fundamentos esenciales en el diseño de software para crear sistemas manejables y escalables. La modularidad se refiere a la división del software en partes independientes y reutilizables llamadas módulos. Cada módulo tiene una única responsabilidad y puede ser desarrollado, probado e implementado independientemente de los demás.

Imagina un coche compuesto por diferentes módulos: el motor, el tren de transmisión, las ruedas y el sistema de frenos. Cada módulo realiza una función específica y puede ser mejorado o reemplazado sin afectar significativamente a los otros módulos. Esta es la esencia de la modularidad en software: crear componentes que funcionen juntos, pero que puedan desarrollarse y mantenerse independientemente.

El desacoplamiento se refiere a reducir las dependencias entre módulos. Imagina dos perros atados por sus collares; si uno intenta moverse, el otro es arrastrado con él. Eso es un sistema altamente acoplado. En cambio, si los perros pueden moverse libremente, sería un sistema desacoplado.

En software, desacoplar módulos significa utilizar principios de diseño como interfaces y abstracciones para evitar dependencias directas entre componentes. Un sistema con bajo acoplamiento es más flexible, y sus componentes pueden ser desarrollados y probados en paralelo, mejorando la eficiencia del equipo de desarrollo.

2.4. Conclusión

Entender y aplicar estos principios fundamentales del diseño de software no sólo mejora la calidad de tu código, sino que también facilita la colaboración en equipo, el mantenimiento a largo plazo y la escalabilidad de tus proyectos. Desde los principios SOLID que nos guían a través de situaciones complejas, hasta DRY, YAGNI y KISS que nos enseñan a mantener el código limpio y eficiente, cada uno de ellos tiene su lugar y propósito.

La modularidad y el desacoplamiento, por su parte, ofrecen una visión más holística del diseño de software, ayudándonos a construir sistemas que no sólo son tecnológicamente avanzados, sino también prácticos y manejables.

En los próximos capítulos, exploraremos cómo implementar estos principios en la práctica mediante ejemplos y estudios de casos. Así que, ¡manos a la obra y a diseñar software de calidad!

3. Patrones de Diseño: Soluciones reutilizables

3.1. Introducción a los Patrones de Diseño

Historia y contexto de los Patrones de Diseño en la Ingeniería de Software

La necesidad de resolver problemas recurrentes de manera eficiente y efectiva ha impulsado a la humanidad a desarrollar patrones y prácticas en diversas disciplinas, y la ingeniería de software no es una excepción. Los patrones de diseño fueron conceptualizados en la década de 1980 y 1990, cuando los desarrolladores y académicos comenzaron a notar que muchos problemas de diseño de software se repetían una y otra vez. En lugar de reinventar la rueda cada vez, ¿por qué no documentar estas soluciones probadas y compartirlas con la comunidad?

La inspiración para formalizar estos patrones vino de Christopher Alexander, un arquitecto que introdujo la idea de *patrones* en su libro "A Pattern Language: Towns, Buildings, Construction" en 1977. Alexander describió soluciones arquitectónicas prácticas para resolver problemas específicos en el diseño de edificios y ciudades, y su enfoque fue adaptado posteriormente por ingenieros de software para estructurar y simplificar el diseño de sistemas complejos.

El "Gang of Four" y la clasificación de los patrones

El término "Gang of Four" se refiere a los autores del libro "Design Patterns Elements of Reusable Object-Oriented Software" publicado en 1994: Erich Gamma, Richard Helm, Ralph Johnson, y John Vlissides. Este libro se convirtió en la biblia de los patrones de diseño, y sus autores son figuras emblemáticas en la historia de la ingeniería de software.

El "Gang of Four" clasificó los patrones de diseño en tres categorías principales:

1. **Patrones Creacionales**: Enfocados en cómo se instancian los objetos. Ayudan a hacer que el sistema sea independiente de cómo se crean, compone y representa los objetos.
   - Ejemplo: Singleton, Factory Method, Abstract Factory.

2. **Patrones Estructurales**: Enfocados en cómo se ensamblan los objetos y las clases para formar estructuras más grandes, a la vez que se mantiene la flexibilidad y eficiencia del sistema.
   - Ejemplo: Adapter, Composite, Decorator.

3. **Patrones de Comportamiento**: Centrados en cómo los objetos interactúan y se comunican entre sí, favoreciendo el flujo de control en el sistema.
   - Ejemplo: Observer, Strategy, Command.

Ventajas de usar patrones de diseño

Imagina que eres un chef en un restaurante. Tienes que cocinar una variedad de platos cada día. Si inventaras una receta desde cero cada vez, no solo sería ineficiente, sino que también aumentaría el riesgo de cometer errores. En lugar de eso, puedes recurrir a recetas probadas y trueque, ajustándolas según sea necesario para adaptarse a las condiciones específicas y los ingredientes disponibles.

Los patrones de diseño funcionan de manera similar en el desarrollo de software. Al proporcionar soluciones probadas a problemas recurrentes, los patrones de diseño:

1. **Promueven la Reutilización**: Los patrones permiten reutilizar soluciones ya verificadas y optimizadas, reduciendo el costo y el esfuerzo de desarrollo. Piense en un Singleton, por ejemplo, que asegura que solo haya una instancia de una clase. Una vez que entiendes cómo implementar un Singleton, puedes reutilizar ese concepto en múltiples proyectos.

2. **Fomentan la Escalabilidad**: Implementar patrones adecuados ayuda a crear sistemas escalables y sostenibles. Patrón Observer, por ejemplo, permite la adición de nuevos suscriptores y el manejo eficiente de notificaciones sin cambios significativos en el código existente.

3. **Ofrecen Flexibilidad**: Los patrones estructurales como Adapter o Decorator facilitan la modificación y extensión del comportamiento de las clases sin alterar su código fuente, permitiendo que el sistema se adapte a nuevas necesidades con el mínimo cambio.

Casos en los que los patrones *no son necesarios*

Al igual que en la cocina, donde añadir demasiados ingredientes puede arruinar un plato, en el diseño de software el uso innecesario de patrones puede llevar a la sobreingeniería. No todas las soluciones requieren la complejidad de un patrón formal, y aplicar un patrón de diseño sin una necesidad clara puede complicar el desarrollo y el mantenimiento del código.

Problemas muy sencillos

Imagina que estás construyendo una pequeña cabaña en el bosque. Si simplemente necesitas una estructura básica para refugiarte, complicar el diseño con sistemas avanzados de calefacción, plomería e iluminación inteligente puede ser un exceso. A veces, un simple martillo y clavos son suficientes para hacer el trabajo. En software, si el problema a resolver es sencillo, introducir un patrón de diseño puede hacer el código más difícil de entender y mantener. Por ejemplo, si una clase sencilla hace bien su trabajo, usar un patrón como Factory Method o Decorator puede ser una exageración, añadiendo una capa innecesaria de complejidad.

Fase inicial del proyecto

En las primeras etapas de un proyecto, la prioridad a menudo es avanzar rápidamente para obtener retroalimentación temprana. Piensa en la fase inicial de un proyecto como el boceto de un artista: está destinado a ser rápido y aproximado, ayudando a visualizar la obra en sí antes de llenar los detalles. Optimizar el diseño prematuramente utilizando patrones puede hacer que sea más difícil ajustar el rumbo a medida que cambian los requisitos. Si introduces demasiadas capas de abstracción desde el principio, podrías encontrarte atrapado en un laberinto de cambios cuando inevitablemente necesites pivotar.

Sobrecarga cognitiva

Si has asistido alguna vez a un curso avanzado de matemáticas sin tener una base sólida, sabrás lo abrumador que puede ser tratar de comprender conceptos complejos de inmediato. De manera similar, cada patrón de diseño introduce una capa de abstracción que los nuevos desarrolladores del equipo deben entender. En equipos con experiencia limitada o en proyectos con alta rotación de personal, demasiados patrones pueden hacer que el código sea menos accesible y más propenso a errores. Es como darle un libro de cálculo avanzado a alguien que recién está aprendiendo a sumar y restar.

Necesidad de una implementación directa

Hay situaciones en las que el rendimiento inmediato es crucial y no hay tiempo para la elegancia del diseño. Piensa en una operación de rescate donde necesitas improvisar una solución rápida para salvar vidas. En software, cuando el tiempo es esencial y necesitas una solución rápida y funcional, complicar el desarrollo con patrones puede resultar en un resultado contraproducente. La simplicidad y la rapidez pueden ser más vitales que una estructura de código perfecta.

Adecuación del problema

No todos los problemas de diseño requieren la profundidad y formalidad de un patrón de diseño. A veces, una simple estructura de control o una función bien pensada puede resolver el problema de manera eficaz. Imagina que necesitas colgar un cuadro en la pared; no necesitas diseñar un complejo sistema de poleas y contrapesos cuando un simple clavo será suficiente. Del mismo modo, en software, una solución directa y sencilla puede ser perfectamente adecuada para ciertos problemas sin la necesidad de recurrir a patrones formales.

Contexto y entorno

Debemos recordar que el contexto y el entorno del proyecto también juegan un papel vital en determinar si un patrón es necesario. En pequeños proyectos personales o prototipos, puede ser más valioso centrarse en la funcionalidad básica antes de obsesionarse con un diseño detallado. En proyectos educativos o de aprendizaje, simplificar a menudo permite a los nuevos desarrolladores concentrarse en la lógica fundamental sin perderse en detalles arquitectónicos complejos.

Conclusión

Los patrones de diseño son una herramienta poderosa en el arsenal de un desarrollador de software, proporcionando soluciones probadas para problemas comunes, y ayudando a crear sistemas reutilizables, escalables y flexibles. Sin embargo, como cualquier otra herramienta, deben usarse con juicio y en el contexto adecuado. Saber cuándo aplicar un patrón de diseño y cuándo mantener las cosas simples es una habilidad que se afina con la experiencia y la práctica.

Recuerda que el objetivo final del diseño de software es crear sistemas que sean robustos, mantenibles y que cumplan con los requisitos del usuario. A continuación, profundizaremos en ejemplos específicos de patrones de diseño, mostrando cómo y cuándo deben aplicarse en situaciones del mundo real. ¡Prepárate para convertirte en un maestro del diseño de software!

3.2. Patrones Creacionales

Crear objetos en programación puede parecer una tarea sencilla, pero conforme los sistemas crecen en complejidad, esta tarea puede volverse bastante enredada. Aquí es donde los patrones creacionales entran en juego. Estos patrones están diseñados para manejar el proceso de creación de objetos de una manera que sea flexible, escalable y eficiente. Vamos a explorar algunos de los patrones creacionales más populares.

Factory Method

El Problema

Imagina que tienes una fábrica de juguetes y necesitas producir diferentes tipos de juguetes: muñecas, carritos, rompecabezas, etc. Crear cada tipo de juguete en la misma línea de producción podría generar un caos y sería muy difícil añadir nuevos tipos de juguetes en el futuro. Lo mismo ocurre en el software cuando necesitas instanciar diferentes tipos de objetos pero no quieres activar ni extender las clases en cada lugar donde se necesiten.

La Solución del Patrón

El patrón Factory Method te ayuda a desacoplar el código de creación de objetos del código que usa esos objetos. En lugar de llamar al constructor de una clase directamente, usas un método fábrica para crear una instancia del objeto deseado. Esto hace que el código sea más flexible y fácil de mantener.

Cómo Funciona

1. Primero, defines una interfaz o clase abstracta que declara el método fábrica.
2. Luego, creas una subclase que sobrescribe este método para instanciar diferentes tipos de objetos.
3. Finalmente, utilizas el método fábrica en lugar de los constructores directos.

Ejemplo

Volvamos a la fábrica de juguetes. Creas una interfaz `JugueteFactory` con un método `crearJuguete()`. Luego tienes distintas fábricas como `MuñecaFactory` y `CarritoFactory` que implementan este método para crear muñecas y carritos respectivamente.

```
interface Juguete {
    void jugar();
}
```

```java
class Muñeca implements Juguete {
    public void jugar() {
        System.out.println("Jugando con la muñeca");
    }
}

class Carrito implements Juguete {
    public void jugar() {
        System.out.println("Jugando con el carrito");
    }
}

interface JugueteFactory {
    Juguete crearJuguete();
}

class MuñecaFactory implements JugueteFactory {
    public Juguete crearJuguete() {
        return new Muñeca();
    }
}

class CarritoFactory implements JugueteFactory {
    public Juguete crearJuguete() {
        return new Carrito();
    }
}
```

Así, cuando quieras un nuevo juguete, solo necesitas llamar al método `crearJuguete` de la fábrica correspondiente y no te preocupas de qué tipo específico de juguete estás creando.

Cuándo Usarlo

Usa el Factory Method cuando necesites crear objetos de una familia de clases relacionadas o dependientes y quieras desacoplar el código de creación del código que usa esos objetos. Es ideal en situaciones donde necesitas añadir nuevas clases a tu sistema sin cambiar el código existente.

Singleton

El Problema

A veces, solo quieres una única instancia de una clase. Piensa en un programa de contabilidad: no quieres múltiples instancias de la base de datos corriendo simultáneamente, ya que esto podría causar un sinfín de problemas de sincronización. Lo mismo ocurre en software con muchos recursos compartidos, desde bases de datos hasta configuraciones de aplicaciones.

La Solución del Patrón

El patrón Singleton asegura que una clase solo tenga una instancia y proporciona un punto global para acceder a ella. Esto es útil para situaciones donde necesitas un control centralizado sobre algún recurso.

Cómo Funciona

1. Se crea una clase con un constructor privado.
2. Se añade un método estático que devuelve la instancia única de la clase.
3. Se crea un campo estático para mantener la instancia única.

Ejemplo

Aquí está cómo podrías implementar un Singleton para una clase BaseDeDatos.

```
class BaseDeDatos {
    private static BaseDeDatos instancia;
    private BaseDeDatos() {
        // Constructor privado
    }
    public static BaseDeDatos obtenerInstancia() {
        if (instancia == null) {
            instancia = new BaseDeDatos();
        }
        return instancia;
    }
}
```

Cada vez que necesites la instancia de BaseDeDatos, simplemente llamas a BaseDeDatos.obtenerInstancia() y siempre obtendrás la misma instancia.

Cuándo Usarlo

Usa el Singleton cuando necesites exactamente una instancia de una clase para controlar el acceso a algún recurso compartido. Sin embargo, ten cuidado, ya que el uso excesivo de Singletons puede hacer tu código menos modular y más difícil de testear.

Builder

El Problema

Imagina que quieres construir una casa. Constaría de muchas partes: cimientos, paredes, techo, etc. No puedes construir todo a la vez; necesitas un proceso paso a paso. Lo mismo ocurre en software cuando necesitas construir objetos complejos que requieren múltiples pasos de inicialización.

La Solución del Patrón

El patrón Builder te permite construir objetos complejos paso a paso. Permite que un objeto se construya en etapas, y se puede reutilizar el mismo código de construcción para crear diferentes representaciones de los objetos.

Cómo Funciona

1. Defines una clase Builder con métodos para configurar las partes del objeto.
2. Cada método de configuración devuelve la instancia del Builder para permitir llamadas encadenadas (fluidez).
3. Incluyes un método `build()` que retorna la instancia final del objeto.

Ejemplo

Pensemos en cómo construir un coche con el patrón Builder.

```
class Coche {
    private String motor;
    private String carroceria;
    private int asientos;

    private Coche(Builder builder) {
        this.motor = builder.motor;
        this.carroceria = builder.carroceria;
        this.asientos = builder.asientos;
    }

    public static class Builder {
```

```java
            private String motor;
            private String carroceria;
            private int asientos;

            public Builder motor(String motor) {
                this.motor = motor;
                return this;
            }

            public Builder carroceria(String carroceria) {
                this.carroceria = carroceria;
                return this;
            }

            public Builder asientos(int asientos) {
                this.asientos = asientos;
                return this;
            }

            public Coche build() {
                return new Coche(this);
            }
        }
    }
```

Para construir un coche, ahora puedes escribir:

```java
Coche miCoche = new Coche.Builder()
    .motor("V8")
    .carroceria("Sedán")
    .asientos(4)
    .build();
```

Cuándo Usarlo

Usa el patrón Builder cuando necesites construir objetos complejos que requieran etapas de configuración y donde la cantidad de inicialización de parámetros podría hacer los constructores difíciles de leer y entender.

Prototype

El Problema

Imagina que eres un artista y acabas de pintar un cuadro magnífico. Ahora quieres hacer varias copias de ese cuadro sin tener que empezarlo de cero cada vez. En software, pasa algo similar cuando quieres crear nuevos objetos copiando objetos existentes, manteniéndolos modificables de manera independiente.

La Solución del Patrón

El patrón Prototype te permite crear nuevos objetos copiando una instancia existente, lo que es útil para situaciones en las que la creación directa de objetos se vuelve costosa o complicada.

Cómo Funciona

1. Se define una interfaz 'Prototype' con un método `clonar()`.
2. Las clases concretas implementan esta interfaz y sobrescriben el método para clonar sus objetos.

Ejemplo

Pensemos en un escenario donde clonamos dibujos.

```java
interface Dibujo extends Cloneable {
    Dibujo clonar();
}

class Cuadro implements Dibujo {
    private String color;

    public Cuadro(String color) {
        this.color = color;
    }

    @Override
    public Cuadro clonar() {
        return new Cuadro(this.color);
    }
}
```

Cuando necesites un nuevo cuadro similar:

```
Cuadro cuadroOriginal = new Cuadro("rojo");
Cuadro cuadroClon = cuadroOriginal.clonar();
```

Cuándo Usarlo

Usa el patrón Prototype cuando el costo de creación de un nuevo objeto es alto en términos de tiempo o recursos, o cuando quieres mantener cierta configuración inicial.

Abstract Factory

El Problema

Imagina que estás dirigiendo un restaurante y necesitas una cocina completa, incluyendo cosas como hornos, sartenes, cubiertos, etc. Estas herramientas pueden variar dependiendo del tipo de cocina que estés preparando: una cocina japonesa requiere herramientas diferentes de una cocina italiana. Lo mismo pasa en software cuando manejas familias de objetos relacionados.

La Solución del Patrón

El patrón Abstract Factory proporciona una interfaz para crear familias de objetos relacionados o dependientes sin especificar sus clases concretas. Esto te da una forma de encapsular un conjunto de fábricas individuales con un tema común.

Cómo Funciona

1. Defines una interfaz o clase abstracta para crear productos relacionados.
2. Implementas varias fábricas concretas que crean los productos específicos.

Ejemplo

Pensemos en una fábrica de muebles con diferentes estilos.

```
interface MuebleFactory {
    Silla crearSilla();
    Mesa crearMesa();
}

class SillaModerna implements Silla { /* ... */ }
class MesaModerna implements Mesa { /* ... */ }

class MueblerίaModerna implements MuebleFactory {
    public Silla crearSilla() {
```

```
            return new SillaModerna();
        }

        public Mesa crearMesa() {
            return new MesaModerna();
        }
    }

    class SillaVictoriana implements Silla { /* ... */ }
    class MesaVictoriana implements Mesa { /* ... */ }

    class MueblerίaVictoriana implements MuebleFactory {
        public Silla crearSilla() {
            return new SillaVictoriana();
        }

        public Mesa crearMesa() {
            return new MesaVictoriana();
        }
    }
```

Cuando necesitas una fábrica específica:

```
    MuebleFactory factory = new MueblerίaModerna();
    Silla silla = factory.crearSilla();
    Mesa mesa = factory.crearMesa();
```

Cuándo Usarlo

Usa Abstract Factory cuando necesites crear familias de objetos o productos relacionados que deban ser utilizados conjuntamente. Es ideal para situaciones en las que los detalles de implementación pueden cambiar en el futuro sin necesidad de modificar el código del cliente.

Object Pool (Pool de Objetos)

El Problema

Imagina que tienes una biblioteca y una docena de estudiantes que necesitan usar computadoras. No quieres comprar una computadora para cada estudiante, especialmente sabiendo que no todos las usarán al mismo tiempo. En lugar de eso, podrías implementar un sistema de reserva donde los estudiantes toman prestadas las computadoras disponibles y las devuelven cuando terminan. Este es un problema similar al del software cuando necesitas administrar recursos costosos y reutilizables como conexiones a bases de datos o hilos.

La Solución del Patrón

El patrón Object Pool proporciona un mecanismo para reciclar y reutilizar objetos en lugar de crearlos y destruirlos repetidamente. Esto ahorra recursos, tiempo y mejora el rendimiento del sistema.

Cómo Funciona

1. Define un pool que mantenga una colección de objetos reutilizables.
2. Cuando se necesita un objeto, se toma uno del pool.
3. Cuando un objeto ya no es necesario, se devuelve al pool en lugar de ser destruido.

Ejemplo

Imagina un pool de conexiones a bases de datos.

```
class Conexion {
    public void conectar() {
        System.out.println("Conectado a la base de datos");
    }

    public void desconectar() {
        System.out.println("Desconectado de la base de datos");
    }
}

class PoolDeConexiones {
    private List<Conexion> conexionesDisponibles = new ArrayList<>();
    private List<Conexion> conexionesUsadas = new ArrayList<>();
```

```java
        public PoolDeConexiones(int numeroInicialDeConexiones) {
            for (int i = 0; i < numeroInicialDeConexiones; i++) {
                conexionesDisponibles.add(new Conexion());
            }
        }

        public synchronized Conexion obtenerConexion() {
            if (conexionesDisponibles.isEmpty()) {
                Conexion nuevaConexion = new Conexion();
                conexionesUsadas.add(nuevaConexion);
                return nuevaConexion;
            } else {
                Conexion conexion = conexionesDisponibles.remove(0);
                conexionesUsadas.add(conexion);
                return conexion;
            }
        }

        public synchronized void liberarConexion(Conexion conexion) {
            conexionesUsadas.remove(conexion);
            conexionesDisponibles.add(conexion);
        }
    }
```

Para usar el pool:

```java
    PoolDeConexiones pool = new PoolDeConexiones(2);

    Conexion conexion1 = pool.obtenerConexion();
    conexion1.conectar();

    Conexion conexion2 = pool.obtenerConexion();
    conexion2.conectar();

    pool.liberarConexion(conexion1);
    pool.liberarConexion(conexion2);
```

Cuándo Usarlo

Usa el Object Pool cuando trabajes con objetos costosos de crear y destruir, y cuando el número de instancias necesarias varía en el tiempo. Es ideal para gestionar conexiones a bases de datos, hilos o cualquier recurso que sea costoso en términos de tiempo y memoria.

Dependency Injection (Inyección de Dependencias)

El Problema

Imagina que tienes una cafetería. En esta cafetería, tienes una máquina de café que necesita granos de café para funcionar. Tienes varias opciones para obtener granos de café: puedes comprar granos gourmet de una tienda especializada o simplemente usar granos estándar de un supermercado local. En lugar de construir la máquina de café con granos de café directamente dentro de ella, la diseñarías para que pueda aceptar granos de cualquier proveedor. En software, si tus clases crean directamente sus dependencias, recopilarás problemas de acoplamiento y será difícil cambiar o sustituir estas dependencias.

La Solución del Patrón

El patrón Dependency Injection propone que las dependencias de un objeto sean inyectadas en lugar de ser creadas por el objeto mismo. Esto separa las responsabilidades y promueve el desacoplamiento, facilitando la modificación y el mantenimiento del código.

Cómo Funciona

1. Define las dependencias necesarias en el constructor o mediante métodos 'setter'.
2. Usa un contenedor o framework para inyectar las dependencias donde se necesiten.
3. Esto permite cambiar las implementaciones de las dependencias sin modificar la clase que las usa.

Ejemplo

Imaginemos un sistema de mensajería.

```java
interface ServicioMensaje {
    void enviarMensaje(String mensaje);
}

class ServicioEmail implements ServicioMensaje {
    public void enviarMensaje(String mensaje) {
        System.out.println("Enviando email: " + mensaje);
    }
}

class ServicioSMS implements ServicioMensaje {
```

```
    public void enviarMensaje(String mensaje) {
        System.out.println("Enviando SMS: " + mensaje);
    }
}

class Notificador {
    private ServicioMensaje servicioMensaje;

    public Notificador(ServicioMensaje servicioMensaje) {
        this.servicioMensaje = servicioMensaje;
    }

    public void notificar(String mensaje) {
        servicioMensaje.enviarMensaje(mensaje);
    }
}
```

Para usar la inyección de dependencias:

```
ServicioMensaje servicioEmail = new ServicioEmail();
Notificador notificador = new Notificador(servicioEmail);
notificador.notificar("Hola mundo!");

ServicioMensaje servicioSMS = new ServicioSMS();
notificador = new Notificador(servicioSMS);
notificador.notificar("Hola mundo!");
```

Cuándo Usarlo

Usa Dependency Injection cuando necesites mejorar la modularidad y la flexibilidad de tu código. Es especialmente útil en aplicaciones grandes donde las dependencias pueden ser numerosas y complejas. También facilita el testeo unitario y la aplicación de principios SOLID.

Conclusión

Los patrones creacionales como Factory, Singleton, Builder, Prototype... son esenciales para manejar la complejidad de la creación de objetos en software. Conocer cuándo y cómo usarlos adecuadamente puede hacer tu código más flexible, reutilizable y mantenible. A continuación,
exploraremos más patrones y técnicas que te ayudarán a mejorar tus habilidades de diseño de software.

3.3. Patrones Estructurales

Introducción

Los patrones estructurales se enfocan en la manera en que los objetos y clases se relacionan entre sí para formar estructuras más grandes y eficientes. Estos patrones te ayudan a organizar y gestionar la composición de objetos, haciéndolos más flexibles y fáciles de trabajar. En este capítulo, exploraremos algunos de los patrones estructurales más comunes: Adapter, Composite, Decorator, Fachada, Proxy y Bridge.

Adapter

El Problema

Imagina que has comprado un adaptador de enchufe para tus aparatos electrónicos durante un viaje al extranjero. Sin él, tus dispositivos simplemente no funcionarían. En software, a menudo encontramos que necesitamos que dos clases trabajen juntas pero tienen interfaces incompatibles.

La Solución del Patrón

El patrón Adapter actúa como un traductor entre dos interfaces incompatibles. Permite que las clases que no podrían funcionar juntas lo hagan sin modificar su código existente.

Cómo Funciona

1. Crea una clase Adapter que implemente la interfaz del cliente.
2. Haz que el Adapter contenga una instancia de la clase que debe adaptarse.
3. En el Adapter, traduce las llamadas del cliente a la interfaz del servicio adaptado.

Ejemplo

Imagina que tienes un reproductor de audio antiguo que solo reproduce casetes y quieres reproducir MP3 desde tu teléfono.

```
interface ReproductorCasetes {
    void reproducirCasete();
}

class CasetePlayer implements ReproductorCasetes {
```

```java
    public void reproducirCasete() {
        System.out.println("Reproduciendo casete");
    }
}

interface ReproductorMP3 {
    void reproducirMP3();
}

class AdaptadorCaseteAMp3 implements ReproductorCasetes {
    private ReproductorMP3 mp3Player;

    public AdaptadorCaseteAMp3(ReproductorMP3 mp3Player) {
        this.mp3Player = mp3Player;
    }

    public void reproducirCasete() {
        mp3Player.reproducirMP3();
    }
}

class MP3Player implements ReproductorMP3 {
    public void reproducirMP3() {
        System.out.println("Reproduciendo MP3");
    }
}
```

Para utilizar el adaptador:

```java
ReproductorMP3 mp3Player = new MP3Player();
ReproductorCasetes adaptador = new AdaptadorCaseteAMp3(mp3Player);
adaptador.reproducirCasete();
```

Cuándo Usarlo

Usa el Adapter cuando necesites una solución temporal para integrar componentes que tienen interfaces incompatibles sin modificar sus códigos existentes. También es útil en la migración de sistemas antiguos a nuevas arquitecturas.

Composite

El Problema

Supongamos que tienes una organización con empleados y departamentos. Los empleados pueden ser simples trabajadores o gerentes que supervisan a otros empleados. Necesitas un sistema que pueda tratar a cada empleado y grupo de empleados de la misma manera.

La Solución del Patrón

El patrón Composite permite tratar objetos individuales y composiciones de objetos de manera uniforme. Es ideal para estructuras jerárquicas como organizaciones, sistemas de archivos, o gráficos.

Cómo Funciona

1. Define una interfaz componente común para objetos individuales y compuestos.
2. Implementa clases hoja para objetos individuales.
3. Implementa una clase compuesta que contenga subcomponentes.

Ejemplo

Pensemos en un sistema de organización empresarial.

```java
interface Empleado {
    void mostrarDetalles();
}

class Trabajador implements Empleado {
    private String nombre;
    public Trabajador(String nombre) {
        this.nombre = nombre;
    }

    public void mostrarDetalles() {
        System.out.println(nombre);
    }
}

class Gerente implements Empleado {
    private String nombre;
    private List<Empleado> subordinados = new ArrayList<>();

    public Gerente(String nombre) {
```

```
        this.nombre = nombre;
    }

    public void agregarSubordinado(Empleado e) {
        subordinados.add(e);
    }

    public void mostrarDetalles() {
        System.out.println(nombre);
        for (Empleado e : subordinados) {
            e.mostrarDetalles();
        }
    }
}
```

Para usarlo:

```
Gerente jefe = new Gerente("Jefe");
Trabajador trabajador1 = new Trabajador("Trabajador 1");
Trabajador trabajador2 = new Trabajador("Trabajador 2");

jefe.agregarSubordinado(trabajador1);
jefe.agregarSubordinado(trabajador2);
jefe.mostrarDetalles();
```

Cuándo Usarlo

Usa el Composite cuando necesites representar jerarquías de objetos donde los componentes individuales y las composiciones de componentes deben ser tratados de manera uniforme.

Decorator

El Problema

Imagina que tienes una tienda de café y quieres ofrecer a tus clientes la opción de personalizar sus bebidas con ingredientes adicionales como leche, jarabes, y crema batida. ¿Cómo manejas estas combinaciones sin crear una clase para cada posible bebida?

La Solución del Patrón

El patrón Decorator te permite agregar comportamientos adicionales a objetos individuales sin modificar su código. Te ofrece una alternativa flexible a la herencia para extender funcionalidades.

Cómo Funciona

1. Define una interfaz componente común.
2. Crea clases concretas que implementen esta interfaz.
3. Crea decoradores abstractos que también implementen la interfaz y que contengan una referencia a un componente.
4. Crea decoradores concretos que extiendan la funcionalidad del componente básico.

Ejemplo

Pensemos en un ejemplo de tienda de café.

```
interface Bebida {
    String getDescription();
    double cost();
}

class Cafe implements Bebida {
    public String getDescription() {
        return "Café";
    }

    public double cost() {
        return 1.00;
    }
}

abstract class DecoradorBebida implements Bebida {
    protected Bebida bebida;
    public DecoradorBebida(Bebida bebida) {
        this.bebida = bebida;
```

```java
    }
    public String getDescription() {
        return bebida.getDescription();
    }

    public double cost() {
        return bebida.cost();
    }
}

class Leche extends DecoradorBebida {
    public Leche(Bebida bebida) {
        super(bebida);
    }

    public String getDescription() {
        return bebida.getDescription() + ", Leche";
    }

    public double cost() {
        return bebida.cost() + 0.50;
    }
}
```

Para usar el decorador:

```java
Bebida miCafe = new Cafe();
miCafe = new Leche(miCafe);
System.out.println(miCafe.getDescription() + " $" +
miCafe.cost());
```

Cuándo Usarlo

Usa el Decorator cuando necesites añadir responsabilidades a objetos individuales de manera dinámica y transparente, sin afectar otros objetos de la misma clase.

Fachada

El Problema

Piensa en un sistema complejo como un avión moderno, lleno de botones e interruptores. Para el piloto, podría ser abrumador interactuar con cada componente individualmente durante el vuelo. Lo mismo ocurre con un sistema de software complejo donde interactuar con múltiples subsistemas es tedioso y complicado.

La Solución del Patrón

El patrón Fachada proporciona una interfaz simplificada para un subsistema complejo. Actúa como un punto de acceso único que facilita la interacción con múltiples componentes.

Cómo Funciona

1. Crea una clase Fachada que proporciona métodos simplificados.
2. Esta clase Fachada delega el trabajo a las clases correspondientes del subsistema.

Ejemplo

Consideremos un sistema de cine en casa.

```
class Amplificador {
    public void encender()
    { System.out.println("Amplificador encendido"); }
}

class DvdPlayer {
    public void encender()
    { System.out.println("Reproductor DVD encendido"); }
}

class Proyector {
    public void encender()
    { System.out.println("Proyector encendido"); }
}

class HomeTheaterFacade {
    private Amplificador amp;
    private DvdPlayer dvd;
    private Proyector proyector;

    public HomeTheaterFacade(Amplificador amp,
DvdPlayer dvd, Proyector proyector) {
```

```
        this.amp = amp;
        this.dvd = dvd;
        this.proyector = proyector;
    }

    public void watchMovie() {
        amp.encender();
        dvd.encender();
        proyector.encender();
        System.out.println("Listo para ver la película");
    }
}
```

Para usar la Fachada:

```
Amplificador amp = new Amplificador();
DvdPlayer dvd = new DvdPlayer();
Proyector proyector = new Proyector();

HomeTheaterFacade homeTheater = new HomeTheaterFacade(amp, dvd, proyector);
homeTheater.watchMovie();
```

Cuándo Usarlo

Usa la Fachada cuando necesites simplificar la interacción con un subsistema complejo y proporcionar una interfaz más fácil de usar.

Proxy

El Problema

Supongamos que tienes una valiosa obra de arte en un museo. No puedes permitir que todos toquen la obra directamente, así que necesitas un guía que pueda mostrar la obra y protegerla. En software, podrías necesitar controlar el acceso a un objeto o añadir un comportamiento adicional.

La Solución del Patrón

El patrón Proxy proporciona un sustituto o marcador de posición para otro objeto, controlando el acceso a él o añadiendo responsabilidad adicional.

Cómo Funciona

1. Define una interfaz común para el objeto real y el proxy.
2. Crea una clase Proxy que controla el acceso al objeto real.

Ejemplo

Imagina un sistema de gestión de imágenes donde la carga puede ser costosa.

```java
interface Imagen {
    void mostrarImagen();
}
class ImagenReal implements Imagen {
    private String nombreArchivo;

    public ImagenReal(String nombreArchivo) {
        this.nombreArchivo = nombreArchivo;
        cargarImagen();
    }

    private void cargarImagen() {
        System.out.println("Cargando " + nombreArchivo);
    }

    public void mostrarImagen() {
        System.out.println("Mostrando " + nombreArchivo);
    }
}

class ProxyImagen implements Imagen {
    private String nombreArchivo;
    private ImagenReal imagenReal;

    public ProxyImagen(String nombreArchivo) {
        this.nombreArchivo = nombreArchivo;
    }

    public void mostrarImagen() {
        if (imagenReal == null) {
            imagenReal = new ImagenReal(nombreArchivo);
        }
        imagenReal.mostrarImagen();
    }
}
```

Para usar el proxy:

```
Imagen imagen = new ProxyImagen("foto.png");
imagen.mostrarImagen();
```

Cuándo Usarlo

Usa el Proxy cuando necesites controlar el acceso a un objeto o añadir funcionalidades adicionales, como la carga diferida o la protección de acceso.

Bridge

El Problema

Imagina que necesitas pintar una pared. Tienes diferentes herramientas como pinceles, rodillos y aerosoles, y diferentes tipos de pinturas como acrílicos y óleos. No quieres crear una clase para cada combinación de herramienta y pintura. En software, el mismo problema surge cuando tienes múltiples dimensiones de cambios.

La Solución del Patrón

El patrón Bridge separa la abstracción de su implementación, permitiendo que evolucionen independientemente.

Cómo Funciona

1. Define una jerarquía de clases de abstracción.
2. Define una jerarquía de clases de implementación.
3. Usa la abstracción para utilizar la implementación adecuada.

Ejemplo

Considera un sistema de gráficos con diferentes formas y diferentes colores.

```
interface Color {
    void aplicarColor();
}

class Rojo implements Color {
    public void aplicarColor() {
        System.out.println("Aplicando color rojo");
    }
}
```

```java
class Verde implements Color {
    public void aplicarColor() {
        System.out.println("Aplicando color verde");
    }
}

abstract class Forma {
    protected Color color;
    public Forma(Color color) {
        this.color = color;
    }
    abstract void dibujar();
}

class Cuadrado extends Forma {
    public Cuadrado(Color color) {
        super(color);
    }
    public void dibujar() {
        System.out.print("Dibujando cuadrado ");
        color.aplicarColor();
    }
}

class Circulo extends Forma {
    public Circulo(Color color) {
        super(color);
    }
    public void dibujar() {
        System.out.print("Dibujando círculo ");
        color.aplicarColor();
    }
}
```

Para usar el Bridge:

```java
Forma cuadradoRojo = new Cuadrado(new Rojo());
cuadradoRojo.dibujar();

Forma circuloVerde = new Circulo(new Verde());
circuloVerde.dibujar();
```

Cuándo Usarlo

Usa el Bridge cuando necesites desacoplar la abstracción de su implementación para que puedan variar independientemente. Es ideal para sistemas que evolucionan en múltiples dimensiones.

Conclusión

Los patrones estructurales como Adapter, Composite, Decorator, Fachada, Proxy y Bridge son herramientas poderosas para organizar y gestionar las relaciones entre objetos en sistemas de software. Estos patrones resuelven problemas comunes de diseño, haciendo tu código más modular, reutilizable y fácil de mantener.

3.4. Patrones de Comportamiento

Introducción

Los patrones de comportamiento se centran en cómo los objetos interactúan y se comunican entre sí. Estos patrones optimizan el flujo de control y la asignación de responsabilidades entre objetos, mejorando la eficiencia y la mantenibilidad del software. En este capítulo, exploraremos algunos de los patrones de comportamiento más comunes: Observer, Strategy, Command, State y Chain of Responsibility.

Observer

El Problema

Imagina que estás viendo un programa de televisión en vivo y quieres que todos tus amigos reciban una notificación cada vez que algo emocionante suceda. No puedes llamarles o mandarles un mensaje manualmente cada vez; necesitas una forma automática de mantenerlos informados. En software, pasa algo similar cuando tienes un objeto (sujeto) que necesita notificar a múltiples otros objetos (observadores) sobre cambios en su estado.

La Solución del Patrón

El patrón Observer define una relación de uno a muchos entre objetos de tal manera que cuando un objeto cambia de estado, todos sus dependientes son notificados automáticamente. Esto permite un acoplamiento flexible y eficiente entre el sujeto y sus observadores.

Cómo Funciona

1. Define una interfaz Observer con un método `update()`.
2. Define una interfaz Subject con métodos para agregar, eliminar y notificar observadores.

3. Implementa estas interfaces en clases concretas: el sujeto notifica a los observadores cuando cambia su estado.

Ejemplo

Pensemos en un sistema de alertas de noticias.

```java
interface Observer {
    void update(String mensaje);
}

class Usuario implements Observer {
    private String nombre;

    public Usuario(String nombre) {
        this.nombre = nombre;
    }

    public void update(String mensaje) {
        System.out.println("Notificación para " + nombre + ": " + mensaje);
    }
}

interface Subject {
    void agregarObservador(Observer observer);
    void eliminarObservador(Observer observer);
    void notificarObservadores();
}

class CanalNoticias implements Subject {
    private List<Observer> observadores = new ArrayList<>();
    private String ultimaNoticia;

    public void agregarObservador(Observer observer) {
        observadores.add(observer);
    }

    public void eliminarObservador(Observer observer)
    {
        observadores.remove(observer);
    }

    public void setUltimaNoticia(String noticia) {
        this.ultimaNoticia = noticia;
        notificarObservadores();
    }
```

```java
        public void notificarObservadores() {
            for (Observer observer : observadores) {
                observer.update(ultimaNoticia);
            }
        }
    }
```

Para utilizarlo:

```java
    CanalNoticias canal = new CanalNoticias();
    Usuario usuario1 = new Usuario("Alice");
    Usuario usuario2 = new Usuario("Bob");

    canal.agregarObservador(usuario1);
    canal.agregarObservador(usuario2);

    canal.setUltimaNoticia("¡Breaking News!");
```

Cuándo Usarlo

Usa el patrón Observer cuando tienes un objeto que cambia su estado frecuentemente y necesitas notificar a múltiples objetos dependientes de esos cambios de manera eficiente.

Strategy

El Problema

Imagina que tienes una tienda en línea que ofrece múltiples métodos de pago como tarjeta de crédito, PayPal y transferencia bancaria. Definir la lógica de cada método de pago en la misma clase haría el código desordenado y difícil de mantener. Necesitas una forma flexible de cambiar algoritmos en tiempo de ejecución.

La Solución del Patrón

El patrón Strategy permite definir una familia de algoritmos, encapsular cada uno de ellos y hacerlos intercambiables. Esto significa que puedes cambiar el algoritmo que se está utilizando sin modificar el contexto en el que se aplica.

Cómo Funciona

1. Define una interfaz común para los algoritmos.
2. Implementa múltiples versiones del algoritmo mediante clases concretas.

3. En el contexto, usa una referencia a la interfaz del algoritmo y permite que el algoritmo se cambie en tiempo de ejecución.

Ejemplo

Pensemos en un escenario de métodos de pago.

```java
interface EstrategiaPago {
    void procesarPago(double monto);
}

class PagoTarjetaCredito implements EstrategiaPago {
    public void procesarPago(double monto) {
        System.out.println("Procesando pago con tarjeta de crédito: $" + monto);
    }
}

class PagoPayPal implements EstrategiaPago {
    public void procesarPago(double monto) {
        System.out.println("Procesando pago con PayPal: $" + monto);
    }
}

class PagoTransferenciaBancaria implements EstrategiaPago {
    public void procesarPago(double monto) {
        System.out.println("Procesando pago con transferencia bancaria: $" + monto);
    }
}

class TiendaOnline {
    private EstrategiaPago estrategiaPago;

    public void setEstrategiaPago(EstrategiaPago estrategiaPago) {
        this.estrategiaPago = estrategiaPago;
    }

    public void procesarOrden(double monto) {
        estrategiaPago.procesarPago(monto);
    }
}
```

Para utilizarlo:

```
TiendaOnline tienda = new TiendaOnline();
tienda.setEstrategiaPago(new PagoTarjetaCredito());
tienda.procesarOrden(100.0);

tienda.setEstrategiaPago(new PagoPayPal());
tienda.procesarOrden(150.0);
```

Cuándo Usarlo

Usa el patrón Strategy cuando tengas múltiples maneras de realizar una operación particular y necesites intercambiar estos algoritmos de manera flexible en tiempo de ejecución.

Command

El Problema

Imagina un control remoto universal que pueda controlar diversos dispositivos como la televisión, el DVD y el aire acondicionado. El control remoto necesita enviar diferentes comandos a distintos dispositivos, pero cada comando debe tratarse de manera uniforme. En software, lo mismo ocurre cuando necesitas encapsular una solicitud como un objeto, permitiendo parametrizar clientes con diferentes solicitudes, encolar o registrar solicitudes y soportar operaciones que se pueden deshacer.

La Solución del Patrón

El patrón Command convierte una solicitud en un objeto, permitiendo almacenar, encolar y ejecutar la solicitud más tarde. Esto desacopla el objeto que invoca la operación de los que conocen cómo realizarla.

Cómo Funciona

1. Define una interfaz Command con un método `execute()`.
2. Implementa varias clases Command concretas.
3. Crea un invocador que utilice los comandos a través de la interfaz.

Ejemplo

Pensemos en un control remoto universal.

```
interface Command {
    void execute();
}
```

```java
class EncenderTV implements Command {
    private TV tv;

    public EncenderTV(TV tv) {
        this.tv = tv;
    }

    public void execute() {
        tv.encender();
    }
}
class ApagarTV implements Command {
    private TV tv;

    public ApagarTV(TV tv) {
        this.tv = tv;
    }

    public void execute() {
        tv.apagar();
    }
}
class TV {
    public void encender() {
        System.out.println("La TV está encendida");
    }

    public void apagar() {
        System.out.println("La TV está apagada");
    }
}
class ControlRemoto {
    private Command command;

    public void setCommand(Command command) {
        this.command = command;
    }

    public void presionarBoton() {
        command.execute();
    }
}
```

Para utilizarlo:

```
TV miTV = new TV();
ControlRemoto control = new ControlRemoto();

Command encender = new EncenderTV(miTV);
Command apagar = new ApagarTV(miTV);

control.setCommand(encender);
control.presionarBoton();

control.setCommand(apagar);
control.presionarBoton();
```

Cuándo Usarlo

Usa el patrón Command cuando necesites parametrizar objetos con operaciones, encolar solicitudes, ejecutar operaciones de manera diferida o soportar operaciones que se pueden deshacer.

State

El Problema

Imagina que estás diseñando una máquina expendedora. La máquina tiene varios estados: esperando moneda, esperando selección, dispensando producto, etc. Manejar estos estados con muchas condicionales en el código puede volverse rápidamente desordenado y difícil de mantener. En software, el mismo problema ocurre cuando un objeto debe cambiar su comportamiento en función de su estado interno.

La Solución del Patrón

El patrón State permite que un objeto altere su comportamiento cuando su estado interno cambia. El objeto parecerá cambiar su clase.

Cómo Funciona

1. Define una interfaz para los estados.
2. Implementa distintas clases de estado.
3. El objeto contexto usa una instancia de una de estas clases de estado para delegar el comportamiento correspondiente.

Ejemplo

Pensemos en una máquina expendedora.

```java
interface Estado {
    void insertarMoneda();
    void seleccionarProducto();
}
class EsperandoMoneda implements Estado {
    private MaquinaExpendedora maquina;

    public EsperandoMoneda(MaquinaExpendedora maquina) {
        this.maquina = maquina;
    }

    public void insertarMoneda() {
        System.out.println("Moneda insertada");
        maquina.setEstado(maquina.getEsperandoSeleccion());
    }

    public void seleccionarProducto() {
        System.out.println("Inserte una moneda primero");
    }
}
class EsperandoSeleccion implements Estado {
    private MaquinaExpendedora maquina;

    public EsperandoSeleccion(MaquinaExpendedora maquina) {
        this.maquina = maquina;
    }

    public void insertarMoneda() {
        System.out.println("Ya se ha insertado una moneda");
    }

    public void seleccionarProducto() {
        System.out.println("Producto seleccionado");
        maquina.setEstado(maquina.getEsperandoMoneda());
    }
}
class MaquinaExpendedora {
    private Estado estadoEsperandoMoneda;
    private Estado estadoEsperandoSeleccion;
    private Estado estadoActual;
```

```java
    public MaquinaExpendedora() {
        estadoEsperandoMoneda = new EsperandoMoneda(this);
        estadoEsperandoSeleccion = new EsperandoSeleccion(this);
        estadoActual = estadoEsperandoMoneda;
    }

    public void setEstado(Estado estado) {
        estadoActual = estado;
    }

    public Estado getEsperandoMoneda() {
        return estadoEsperandoMoneda;
    }

    public Estado getEsperandoSeleccion() {
        return estadoEsperandoSeleccion;
    }

    public void insertarMoneda() {
        estadoActual.insertarMoneda();
    }

    public void seleccionarProducto() {
        estadoActual.seleccionarProducto();
    }
}
```

Para utilizarlo:

```java
MaquinaExpendedora maquina = new MaquinaExpendedora();
maquina.insertarMoneda();
maquina.seleccionarProducto();
```

Cuándo Usarlo

Usa el patrón State cuando un objeto debe cambiar su comportamiento basado en su estado y cuando los estados son numerosos y complican la lógica condicional.

Chain of Responsibility

El Problema

Imagina que trabajas en una oficina y necesitas aprobar un gasto. Dependiendo del monto, diferentes niveles de gerencia tendrán que aprobar el gasto. Si el monto es pequeño, un supervisor puede aprobarlo. Si es más grande, necesitarás la aprobación de un gerente de departamento, y si es aún más considerable, tal vez necesites la aprobación del director. En software, pasa algo similar cuando tienes una serie de manejadores que pueden procesar una solicitud y deseas evitar el acoplamiento entre el emisor de la solicitud y su receptor concreto.

La Solución del Patrón

El patrón Chain of Responsibility permite pasar una solicitud por una cadena de manejadores. Cada manejador decide procesar la solicitud o pasarla al siguiente manejador en la cadena.

Cómo Funciona

1. Define una interfaz `Handler` con un método `manejarSolicitud()`.
2. Implementa varios manejadores concretos.
3. Crea un cliente que configure la cadena de manejadores y delegue las solicitudes.

Ejemplo

Pensemos en un sistema de aprobación de gastos.

```java
abstract class Manejador {
    protected Manejador siguiente;

    public void setSiguiente(Manejador siguiente) {
        this.siguiente = siguiente;
    }

    public abstract void manejarSolicitud(double monto);
}

class Supervisor extends Manejador {
    public void manejarSolicitud(double monto) {
        if (monto < 100) {
            System.out.println("Supervisor aprueba gasto de $" + monto);
        } else if (siguiente != null) {
```

```java
            siguiente.manejarSolicitud(monto);
        }
    }
}

class GerenteDepartamento extends Manejador {
    public void manejarSolicitud(double monto) {
        if (monto < 1000) {
            System.out.println("Gerente de Departamento aprueba gasto de $" + monto);
        } else if (siguiente != null) {
            siguiente.manejarSolicitud(monto);
        }
    }
}

class Director extends Manejador {
    public void manejarSolicitud(double monto) {
        if (monto >= 1000) {
            System.out.println("Director aprueba gasto de $" + monto);
        }
    }
}
```

Para utilizar la cadena de responsabilidad:

```java
Supervisor supervisor = new Supervisor();
GerenteDepartamento gerente = new GerenteDepartamento();
Director director = new Director();

supervisor.setSiguiente(gerente);
gerente.setSiguiente(director);

supervisor.manejarSolicitud(50);
supervisor.manejarSolicitud(500);
supervisor.manejarSolicitud(5000);
```

Cuándo Usarlo

Usa el Chain of Responsibility cuando necesites más de un objeto para manejar una solicitud y no quieras especificar el manejador concreto. Es útil para escenarios donde quieres aplicar múltiples niveles de procesamiento de forma flexible.

Conclusión

Los patrones de comportamiento como Observer, Strategy, Command, State y Chain of Responsibility son esenciales para manejar interacciones y flujos de control complejos entre objetos. Estos patrones ayudan a crear sistemas flexibles, desacoplados y fáciles de mantener, facilitando la evolución del software. Al comprender y aplicar estos patrones, mejorarás significativamente la calidad y la eficiencia de tus diseños de software.

3.5. Uso Apropiado de los Patrones de Diseño

Introducción

Los patrones de diseño son herramientas poderosas que pueden mejorar significativamente la calidad y la mantenibilidad de un proyecto de software. Sin embargo, como con cualquier herramienta, es importante saber cuándo y cómo utilizarlos. De lo contrario, podrías caer en el peligro de la sobreingeniería: el exceso de complejidad innecesaria que puede hacer que tu código sea más difícil de entender, mantener y extender. En este capítulo, te ofreceré algunos consejos prácticos sobre el uso apropiado de los patrones de diseño.

Conoce el problema antes de implementar el patrón

Identificación y Comprensión

Antes de lanzarte a implementar un patrón de diseño, asegúrate de entender completamente el problema que estás tratando de resolver. Pregúntate si el problema realmente necesita un patrón de diseño. A veces, una solución más simple puede ser suficiente.

Imagina que tienes una pequeña fuga en tu casa. No llamarías a un equipo de ingenieros para instalar un nuevo sistema de tuberías si todo lo que necesitas es una arandela nueva. Del mismo modo, no implementes un patrón complejísimo para resolver un problema sencillo que podría manejarse con unas pocas líneas de código.

Evaluación del Impacto

Piensa en el impacto de implementar un patrón. ¿Realmente proporciona un valor significativo, o estás añadiendo complejidad innecesaria? A veces, un patrón puede parecer una buena idea, pero los costos de mantenimiento y la curva de aprendizaje adicional pueden superar los beneficios.

Mantén la Simplicidad

No complicarse sin necesidad

El principio KISS (Keep It Simple, Stupid) es tu mejor amigo. Si una solución simple resuelve el problema de manera eficaz, no la compliques innecesariamente. La simplicidad mejora la claridad y facilita el mantenimiento.

Por ejemplo, si tienes una lista de tareas y solo necesitas ordenarla, una simple llamada a `sort()` en lugar de diseñar e implementar un complejo patrón de estrategia puede ser la mejor respuesta.

Evita el "Síndrome del Ingeniero"

El "síndrome del ingeniero" es la tendencia a sobrecomplicar las cosas solo porque puedes. Recuerda, el objetivo del diseño es resolver problemas de la manera más simple y efectiva posible. No es un concurso para ver quién puede crear la arquitectura más compleja.

Escucha a tu equipo y a tu proyecto

La importancia del contexto

El mismo patrón puede ser una solución perfecta en un contexto y una mala idea en otro. Considera factores como el tamaño del proyecto, la experiencia del equipo y el horizonte temporal antes de decidir implementar un patrón de diseño. Escucha a tu equipo de desarrollo y sus sugerencias; a veces, un enfoque más colaborativo revelará la mejor solución.

Adaptabilidad y evolución

Un diseño demasiado rígido puede dificultar futuras mejoras o adaptaciones. Los patrones deben ser utilizados para facilitar el cambio, no para obstaculizarlo. Mantén tu diseño flexible y asegúrate de que los patrones que implementes realmente mejoren la adaptabilidad de tu sistema.

Prueba y refactoriza

Testing continuo

Incluso la mejor implementación de un patrón de diseño puede tener problemas imprevistos. Mantén pruebas automatizadas para asegurarte de que tus cambios no introduzcan errores. Los patrones de diseño deberían facilitar la creación de pruebas unitarias debido a la menor dependencia y al código modular.

Refactorización periódica

El diseño de software no es una actividad estática. A medida que el código y los requisitos evolucionan, podría ser necesario refactorizar y ajustar los patrones implementados. No tengas miedo de reevaluar tus decisiones de diseño y cambiar los patrones si ya no son adecuados.

Iteraciones de diseño

Imagina que construyes una casa. Durante la construcción, te das cuenta de que algunas decisiones iniciales pueden no ser las mejores según la evolución del proyecto. Tal vez quieras mover una pared, añadir una ventana o cambiar el tipo de suelo. El diseño de software funciona de manera similar: mantente abierto a iterar y mejorar tu diseño conforme avanzas.

Usa documentación y comunicación

Documenta tus decisiones

Antes y después de implementar un patrón de diseño, documenta tus decisiones. Explica por qué elegiste ese patrón, cómo resolvió el problema y cualquier detalle particular de la implementación. Esta práctica no solo te ayudará a ti en el futuro, sino que también servirá para otros desarrolladores que trabajen en el proyecto.

Comunicación clara

La implementación de patrones de diseño debe ser acompañada de una comunicación clara con tu equipo. Asegúrate de que todos comprendan el propósito del patrón, cómo se implementa y cómo se debe usar. Un equipo bien informado es clave para mantener la consistencia y la calidad del código.

Considera herramientas y frameworks

Utiliza frameworks con precaución

Muchos frameworks modernos vienen con implementaciones de patrones de diseño integradas. Mientras que esto puede ahorrarte tiempo, es crucial entender cómo funcionan esos patrones dentro del framework y si realmente se ajustan a tus necesidades específicas.

Evaluación de dependencias

Al usar frameworks y bibliotecas de terceros, ten en cuenta que importar patrones de diseño integrados puede añadir dependencia externa a tu proyecto. Evalúa si estas dependencias son justificadas y si proporcionan un valor significativo sin añadir complejidad innecesaria.

Examina casos de estudio y ejemplos

Aprende de otros

Revisar casos de estudio y ejemplos de otros proyectos puede proporcionarte valiosas percepciones sobre el uso efectivo de patrones de diseño. Aprende de los éxitos y errores de otros para mejorar tu propio enfoque.

Aplicar mejores prácticas

Adoptar las mejores prácticas de la industria puede ayudarte a tomar decisiones de diseño más informadas y eficientes. Mantente al día con las tendencias y los avances en la ingeniería del software para aplicar patrones de diseño de manera más efectiva.

3.6. Antipatrones

El diseño de software de alta calidad no solo implica saber qué hacer, sino también saber qué evitar. Aquí es donde entran los antipatrones. Un antipatrón es una solución de diseño que puede parecer buena en un principio, pero que en realidad causa más problemas a largo plazo. Aprender a identificarlos y evitarlos es esencial para cualquier desarrollador o arquitecto de software.

La importancia de identificar antipatrones

Los conceptos erróneos y las prácticas deficientes pueden infiltrarse en tu código y arquitectura antes de que te des cuenta, manifestándose como deuda técnica, problemas de mantenimiento y fallos en la escalabilidad. Identificar antipatrones te permite corregir el rumbo antes de que estos problemas se conviertan en desafíos insuperables.

Detectar antipatrones a tiempo no solo mejora la calidad del software, sino que también ahorra tiempo y recursos. Además, al comprender estos errores comunes, puedes educar a otros y cultivar una cultura de buenas prácticas dentro de tu equipo de desarrollo.

Antipatrón: Spaghetti Code

Es uno de los antipatrones más clásicos, donde el código está enredado y es difícil de seguir. La lógica se entremezcla de tal forma que resulta casi imposible de mantener o extender.

Síntomas: Funciones largas, uso excesivo de variables globales, falta de modularidad y comentarios como "No tocar, funciona".

Problemas: Dificultades para depurar, alto costo de mantenimiento y aumento del riesgo de introducir nuevos errores al modificar el código.

Solución: Refactorizar el código en piezas más pequeñas y manejables. Aplicar principios SOLID y utilizar patrones de diseño que promuevan la modularidad y claridad. A veces, limitar el número de líneas de una función puede parecer ser muy restrictivo, pero ayuda a implantar una mentalidad de abstracción y de repartición de dependencias

Antipatrón: God Object

Un objeto todopoderoso que tiene demasiadas responsabilidades y concentra gran parte de la lógica del programa.

Síntomas: Clases con demasiadas líneas de código, múltiples responsabilidades, y con métodos que manejan funcionalidades diversas y no relacionadas.

Problemas: Dificultad para probar, mantener y entender el código, así como una violación del principio de responsabilidad única (SRP) de SOLID.

Solución: Dividir el God Object en múltiples clases más pequeñas, cada una con una única responsabilidad. Ser capaz de identificar las responsabilidades de un objeto es una habilidad increíblemente valiosa y tristemente escasa. Como en casi todo, la práctica hace al maestro.

Antipatrón: Lava Flow

Código antiguo y obsoleto que sigue presente en el sistema porque nadie se atreve a eliminarlo. Este código a menudo se queda debido a la falta de documentación sobre su propósito o funcionalidad.

Síntomas: Fragmentos de código que no parecen tener una función clara, pero que aún existen porque "pueden ser necesarios".

Problemas: Incremento de la deuda técnica, confusión para nuevos desarrolladores y potencial para errores imprevistos.

Solución: Revisar y documentar el código antes de eliminarlo. Utilizar pruebas automatizadas para asegurar que el sistema sigue funcionando correctamente después de la limpieza.

Antipatrón: Golden Hammer

La tendencia a utilizar la misma tecnología o patrón para resolver todos los problemas, independientemente de si es la mejor herramienta para el trabajo.

Síntomas: Uso excesivo de una tecnología específica en varios contextos, incluso aquellos donde no es apropiada.

Problemas: Soluciones inapropiadas y, a menudo, subóptimas, que pueden llevar a problemas de rendimiento, escalabilidad o mantenibilidad.

Solución: Evaluar cada problema individualmente y seleccionar las herramientas y patrones más adecuados para resolverlo. Mantenerse abierto a aprender y utilizar nuevas tecnologías cuando sea más apropiado. Recuerda que ningún patrón, librería, framework o arquitectura es la mejor para todas las situaciones. Te corresponde a ti, como diseñador, a evaluar que herramientas encajan con tu problema especifico.

Antipatrón: The Big Ball of Mud

Un sistema completamente desorganizado y sin una estructura arquitectónica clara. Suele surgir cuando los equipos de desarrollo toman continuamente atajos y acumulan soluciones temporales. Más que un antipatrón, esta es la madre de todas las desgracias en el diseño de software.

Síntomas: Falta de modularidad, dependencias circulares, inconsistencias en los patrones de diseño y dificultad para implementar nuevas funcionalidades.

Problemas: Sistema frágil y propenso a errores, difícil de mantener y escalar, y una mayor complejidad en la depuración y extensibilidad.

Solución: Refactorización continua, adopción de una arquitectura clara y la implementación de estándares de codificación estrictos. Fomentar una cultura de calidad y revisiones de código regulares.

Conclusión

Los patrones de diseño son herramientas poderosas, pero como cualquier herramienta, deben usarse con sabiduría. Entender el problema, mantener la simplicidad y la flexibilidad, comunicarse claramente y estar dispuesto a refactorizar son claves para utilizar patrones de diseño de manera efectiva sin caer en la sobreingeniería. Con estos principios en mente, podrás aprovechar al máximo los patrones de diseño para crear sistemas robustos, mantenibles y eficientes.

4. Domain-Driven Design

4.1. ¿Qué es Domain-Driven Design?

Imagina que estás construyendo una ciudad. No solo necesitas saber dónde poner las calles y los edificios, sino también cómo se moverán las personas, dónde se realizarán las actividades comerciales y cómo se resolverán las emergencias. Domain-Driven Design (DDD) es la estrategia que te ayuda a hacer esto, pero en el mundo del software.

Al hablar de DDD, estamos hablando de una metodología para diseñar software que se centra en la lógica de negocio principal. Esto significa que, en lugar de simplemente escribir código, nos ponemos la gorra de arquitectos y trabajamos estrechamente con los expertos en el dominio (aquellas personas que realmente conocen el negocio para el cual estamos diseñando). Juntos, desarrollamos un "lenguaje ubicuo" que todos entienden y utilizamos ese lenguaje para modelar el software de manera que refleje con precisión la realidad del negocio.

Una vez que tienes este lenguaje común, es mucho más fácil asegurarte de que el software cumpla realmente con las necesidades del negocio. DDD no es solo sobre cómo escribimos el código, sino sobre cómo pensamos y diseñamos las soluciones.

Historias de horror con software desorganizado

Hace unos años, trabajé en un proyecto donde se tiró gran cantidad de código sin una estructura clara ni un entendimiento profundo del negocio. Los desarrolladores venían y se iban, cada uno añadiendo su capa de "espagueti" al código. La base de datos estaba llena de tablas que nadie entendía completamente, y se usaban nombres inconsistentes para las mismas entidades en distintos lugares del código.

Cuando las cosas empezaron a fallar (y fallaron con ganas), fue un desafío casi imposible determinar dónde estaban los problemas. Resolver un bug requería malabares complejos porque arreglar una cosa rompía otras cinco. El mantenimiento era un infierno y la deuda técnica acumulada alcanzaba niveles monstruosos.

Lo peor de todo, sin un modelo claro y un lenguaje común, los expertos del negocio y los desarrolladores no se entendían. El producto solucionaba problemas que los usuarios no tenían. Los que vendían el producto eran incapaces de entender como usarlo. En resumen: Un desastre.

Beneficios de aplicar DDD

Y aquí es donde DDD entra como el héroe de la historia. Al aplicar Domain-Driven Design, comienzas a ver beneficios inmediatos y a largo plazo.

Primero, al trabajar junto a expertos en el dominio y desarrollar un lenguaje ubicuo, todos están en la misma página. Puedes evitar malentendidos costosos y garantizar que lo que construyes realmente tenga sentido para el negocio.

En segundo lugar, el diseño modular que promueve DDD hace que tu sistema sea más mantenible. Al tener entidades claramente definidas y separadas, puedes abordar nuevos requisitos o cambios de manera más eficiente y con menos riesgo de romper algo existente. Podríamos decir que el propio DDD te predispone a utilizar ciertos patrones de diseño y buenas prácticas.

Además, el enfoque en el dominio central te permite concentrarte en lo que realmente importa para la empresa. En lugar de perderte en detalles técnicos sin importancia, puedes priorizar aquellas características que generarán mayor valor. Normalmente, conseguir sacar al mercado un Producto Mínimo Viable (MVP) es mas sencillo usando esta aproximación, porque evitas construir funcionalidades secundarias que no demuestran tanto valor al usuario.

Finalmente, al reducir la deuda técnica y hacer que el código sea más comprensible y mantenible, estás invirtiendo en la sostenibilidad del proyecto. No se trata solo de resolver problemas hoy; se trata de construir una base sólida que pueda soportar el futuro.

4.2. Fundamentos del DDD

Lenguaje ubicuo: El idioma de todos

Uno de los pilares de DDD es el desarrollo de un "lenguaje ubicuo". ¿Suena a algo salido de una película de ciencia ficción? Quizás, pero este concepto es pura magia pragmática. El lenguaje ubicuo es un lenguaje común y compartido por todos los miembros del equipo de desarrollo y los expertos en el dominio del negocio.

Supongamos que trabajamos en una aplicación para gestionar reservas de vuelos. Sin un lenguaje ubicuo, los programadores podrían llamar a los mismos conceptos con distintos nombres (ticket, boleto, reserva) dependiendo de su criterio personal. Esto genera confusión y, tarde o temprano, errores.

El lenguaje ubicuo asegura que todos llamen a las cosas por el mismo nombre. Es un lenguaje que todos los participantes, desde los desarrolladores hasta los stakeholders, comprenden y usan de manera consistente. Así, cuando decimos "reserva", "pasajero" o "itinerario", todos saben exactamente de qué estamos hablando. Esto elimina malentendidos y hace que la comunicación sea mucho más fluida y efectiva.

Entendiendo los Dominios

Para entender el DDD, primero debes comprender qué es un "dominio". En términos simples, el dominio es la esfera del conocimiento y actividad alrededor de la cual gira tu software. En nuestro ejemplo del sistema de reservas de vuelos, el dominio incluye todo lo relacionado con las reservas, los vuelos, los pasajeros, etc.

Pero, claro, no todos los dominios son iguales. Existen dominios primarios y secundarios. El dominio primario, también conocido como el "Core Domain", es el corazón del negocio. Por ejemplo, para una aerolínea, la gestión de reservas y horarios es el core domain. Sin embargo, podrían tener otros dominios secundarios como la gestión de empleados o la logística de equipaje, que aunque importantes, no son su foco principal. El core domain es donde deberías concentrar la mayor parte de tus esfuerzos de diseño.

Modelos de Dominio: No solo diagramas bonitos

Si piensas en modelos de dominio como simples diagramas bonitos para colgar en las paredes de la oficina, estás completamente equivocado. Un modelo de dominio es una representación de los conceptos y relaciones importantes dentro de tu dominio, pero su valor real radica en su capacidad para capturar la esencia del negocio y guiar el desarrollo de software.

El modelo de dominio te ayuda a traducir las complejidades del dominio en términos claros y manejables. Incluye entidades, objetos de valor y relaciones que representan la realidad del negocio. En nuestro ejemplo de la aerolínea, el modelo de dominio incluiría cosas como "Reserva", "Pasajero" y "Vuelo", así como las interacciones y dependencias entre ellos.

No estamos hablando de diagramas estériles que quedan en un cajón olvidado. Un buen modelo de dominio evoluciona con el tiempo, refinado continuamente basado en nuevas percepciones y cambios en el negocio. Este modelo se convierte en la base para el diseño del software y asegura que lo que construimos esté alineado con la realidad del negocio.

En la práctica, esto significa involucrar a los expertos en el dominio en revisiones constantes del modelo. Estas discusiones te permitirán refinar y ajustar el modelo para que refleje de manera precisa el dominio y proporcione directrices claras a los desarrolladores.

4.3. Elementos Principales del DDD

Entidades: Cosas con identidad

Empecemos con las entidades. En el mundo del DDD, una entidad es algo que tiene una identidad única que la distingue de otras entidades, incluso si comparten las mismas propiedades. Pensemos en una aerolínea, un "Pasajero" sería una entidad porque, aunque dos pasajeros puedan tener el mismo nombre y viajando en el mismo vuelo, cada uno tiene una identidad única, tal vez un identificador de pasajero o un número de pasaporte.

Las entidades tienen su propio ciclo de vida y pueden cambiar con el tiempo: el nombre del pasajero puede cambiar si se casa en EEUU, por ejemplo, pero sigue siendo el mismo pasajero. Lo crucial aquí es que las entidades tienen una "vida" y una identidad propias que debes manejar durante todo el desarrollo de tu sistema.

Value Objects: Cosas sin identidad

Por otro lado, tenemos los Value Objects. Estos son elementos sin identidad propia, definidos solo por sus atributos. Imagina que en tu sistema de reservas de vuelos, necesitas representar un "Destino". El destino podría tener atributos como la ciudad y el país, pero estos no importan individualmente fuera de su valor en conjunto. Si tienes dos "Destinos" con los mismos atributos, son esencialmente iguales e indistinguibles en el sistema.

Los Value Objects son inmutables en la mayoría de los casos; representan algo cuyo valor es importante, pero no su identidad. Un Value Object es como una suma en una factura. No importa cuál instancia de "suma" estás usando, siempre y cuando el resultado sea el mismo.

Servicios de Dominio

A veces en tu sistema, algunas operaciones no pueden ser claramente atribuidas a una entidad o a un Value Object. Aquí es donde entran los Servicios de Dominio. Un Servicio de Dominio es una operación que encaja en tu modelo de dominio, pero que no pertenece a ninguna entidad en particular.

Por ejemplo, si necesitas calcular la tarifa de un boleto en base a múltiples factores como la duración del vuelo, la clase del asiento y la demanda, podrías implementar esto como un Servicio de Dominio: "CalcularTarifaServicio". Este servicio encapsula la lógica que no pertenece a ninguna entidad específica y todavía forma parte vital de tu modelo de dominio.

Agregados y Raíces Agregadas

En sistemas grandes y complejos, simplemente tener entidades y objetos de valor no es suficiente para mantener el orden. Aquí es donde entran los Agregados y las Raíces Agregadas. Un Agregado es un grupo de objetos que son tratados como una única unidad con respecto a los cambios de datos. La Raíz Agregada es la entidad principal que controla el acceso a los demás objetos dentro del Agregado.

Utilizando nuestro ejemplo de la aerolínea, un "Reserva" podría ser un Agregado. La reserva no solo incluye la identidad del pasajero, sino también los detalles del vuelo, la asignación de asientos y tal vez un registro de pagos. La Raíz Agregada, en este caso, sería la propia entidad "Reserva", porque todas las operaciones relacionadas deben pasar a través de ella para garantizar la consistencia.

Los Agregados y sus Raíces Agregadas aseguran que siempre mantengamos la consistencia de nuestros datos dentro de sus límites, lo que es crucial en sistemas distribuidos o que manejan mucha concurrencia.

Repositorios

Finalmente, llegamos a los Repositorios. Estos son las interfaces a través de las cuales accedes a las entidades agregadas. Los Repositorios actúan como colecciones típicas en programación, pero están diseñados para ocultar los detalles de cómo se almacenan y recuperan las entidades del almacenamiento persistente.

Piensa en un Repositorio como una biblioteca. Cuando quieres leer un libro, no necesitas saber cómo la biblioteca cataloga y almacena los libros; solo necesitas saber cómo buscar y obtener el libro que necesitas. De la misma manera, un Repositorio te permite buscar, almacenar y gestionar entidades de una manera transparente.

En resumen, las Entidades, Value Objects, Servicios de Dominio, Agregados y Raíces Agregadas, y Repositorios, forman el núcleo de los elementos del DDD. Comprender y utilizar correctamente estos elementos te ayudará a construir un sistema más robusto, mantenible y alineado con las necesidades del negocio.

4.4. Contextos Delimitados

El arte de definir límites

En el maravilloso mundo del DDD, los Contextos Delimitados (Bounded Contexts) juegan un papel crucial. Imagina que estás en una gran conferencia con diferentes charlas sobre diversos temas. Cada sala de conferencias tiene su propio conjunto de reglas, terminología y presentadores. Del mismo modo, en un sistema de software complejo, los Contextos Delimitados actúan como "salas" donde se definen los límites claros de los términos y modelos.

Definir estos límites es fundamental porque ayuda a evitar la colisión de conceptos y términos. A menudo, diferentes partes de una organización usan la misma palabra para referirse a cosas diferentes. Por ejemplo, "Cliente" en el contexto de ventas puede referirse a una persona que compra un producto, mientras que en servicio al cliente puede referirse a un usuario que necesita soporte (aunque no sea un usuario de pago). Mantener estos contextos separados asegura que no mezclemos peras con manzanas.

Definir estos límites no es solo un ejercicio arquitectónico; es una práctica que requiere mucho diálogo y comprensión entre desarrolladores y expertos en el dominio. Debemos ser claros sobre dónde empieza y termina cada contexto y cómo interactúan entre sí.

Mapa de Contextos: Qué es y cómo dibujarlo

Una vez que tienes claros tus Contextos Delimitados, el siguiente paso es visualizar esta segregación mediante un Mapa de Contextos (Context Map). Piensa en este mapa como el plano de una ciudad. Así como el plano te da una visión general de dónde están ubicadas las diferentes áreas y cómo conectarlas, el Mapa de Contextos te proporciona una vista de alto nivel de cómo tus diferentes Contextos Delimitados se relacionan entre sí.

Dibujar este mapa puede parecer una tarea colosal, pero aquí van algunos pasos para simplificar el proceso:

1. **Identifica tus contextos**: Enumera todos los dominios y subdominios importantes de tu aplicación.
2. **Define las fronteras**: Utiliza líneas claras para indicar dónde empieza y termina cada contexto.
3. **Establece relaciones**: Utiliza flechas y etiquetas para mostrar cómo interactúan y se comunican entre sí.
4. **Documenta conexiones**: Añade notas para aclarar el tipo de relación—quién depende de quién, y cómo.

Un ejemplo sencillo podría ser nuestro sistema de reservas de vuelos. Podríamos tener Contextos Delimitados como " Gestión de Reservas", "Gestión de Vuelos" y "Servicio al Cliente". El mapa mostraría cómo estos contextos se comunican entre sí y qué términos y modelos pertenecen a cada uno.

Relación entre Contextos: Asociaciones, conformidades y anticorrupciones

En el vasto ecosistema de Contextos Delimitados, entender cómo se relacionan los diferentes contextos es clave. Las relaciones entre contextos pueden adoptar varias formas, pero tres de las más comunes son: Asociaciones (Partnership), Conformidades (Conformist), y Anticorrupciones (Anti-Corruption Layer).

1. **Asociaciones (Partnership)**: En esta relación, dos contextos trabajan muy de cerca y dependen mutuamente para ofrecer funcionalidad. Es una relación simbiótica donde ambos contextos colaboran y evolucionan juntos. Por ejemplo, "Gestión de Reservas" y "Gestión de Vuelos" podrían tener una asociación estrecha, ya que las reservas dependen de la disponibilidad de vuelos.

2. **Conformidades (Conformist)**: A veces, un contexto necesita usar el modelo de otro contexto sin modificarlo. Esto es común cuando un contexto depende de los datos o actividades de otro, pero no tiene el poder de cambiarlo. En nuestro ejemplo, el "Servicio al Cliente" podría conformarse con el modelo de "Gestión de Reservas" para realizar sus operaciones.

3. **Anticorrupciones (Anti-Corruption Layer)**: Esta es una estrategia para proteger uno o más contextos del impacto negativo de otro. Imagina que debes integrarte con un sistema externo de terceros que no sigue tus estándares de calidad. Creas una capa anticorrupción para traducir y proteger tu modelo interno del desorden exterior. En el mundo de la aerolínea, podríamos necesitar esta capa si integramos un viejo sistema de gestión financiera con nuestra aplicación moderna.

En resumen, los Contextos Delimitados y sus relaciones son esenciales para mantener un sistema limpio y manejable. Al definir claramente los límites, mapear los contextos y gestionar las relaciones entre ellos, podemos evitar muchos problemas de integración y asegurar que cada parte de nuestro sistema esté alineada con las necesidades del negocio.

4.5. Patrones Estratégicos de DDD

Distinción entre Patrones Estratégicos y Tácticos

¡Más patrones! En el vasto universo de Domain-Driven Design (DDD), los patrones se dividen en dos grandes categorías: estratégicos y tácticos. Imagina que estás planeando una campaña militar. Los patrones estratégicos son como los movimientos a gran escala que decides para ganar la guerra: dónde poner tus tropas, cuándo lanzar tu ataque y cómo proteger tus flancos. Son decisiones de alto nivel que tienen un impacto significativo en la arquitectura general del sistema.

Por otro lado, los patrones tácticos son las técnicas específicas que usas en el campo de batalla, como las formaciones de infantería y las tácticas de emboscada. Estos son detalles más finos que aplicas en el desarrollo diario del software.

Vamos a enfocarnos primero en los patrones estratégicos de DDD, que te ayudarán a definir la gran imagen de tu sistema y a gestionarlo de manera efectiva.

Context Map

El Context Map es uno de los patrones estratégicos más importantes. Ya lo hemos tocado brevemente, pero vale la pena profundizar. El Context Map es una herramienta visual que muestra todos los Contextos Delimitados y las relaciones entre ellos. Es esencial para entender cómo los diferentes módulos de tu sistema interactúan y dependen unos de otros.

Por ejemplo, una aerolínea podría tener varios Contextos Delimitados como "Gestión de Vuelos", "Gestión de Reservas", y "Facturación". El Context Map te permite ver cómo estos contextos están conectados y cómo se comunican entre sí. Esto es crucial para asegurar que no haya puntos ciegos en tu arquitectura y que todos los equipos estén alineados en términos de terminología y operaciones.

Bounded Context

El Bounded Context es otro patrón clave en DDD. Básicamente, un Bounded Context es un límite explícito dentro del cual un modelo tiene una coherencia específica. Dentro de estos límites, el modelo y el lenguaje son consistentes y cuidadosamente definidos. Fuera de estos límites, esos mismos términos y modelos pueden tener significados diferentes.

Como vimos antes, para una compañía de reservas de vuelos, "Cliente" podría significar algo diferente en el contexto de marketing y en el contexto de servicio al cliente. Definir Bounded Contexts claros te permite evitar choques de terminología y mantener tu código limpio y mantenible.

Anti-Corruption Layer

El Anti-Corruption Layer (ACL) es una capa de protección que evita que la "corrupción" de modelos y terminología de otros contextos o sistemas externos afecte tu modelo interno. Funciona como un adaptador que traduce entre tu modelo y el modelo externo, preservando la integridad de tu sistema.

Shared Kernel

El Shared Kernel es un patrón donde dos o más Contextos Delimitados comparten un subconjunto de componentes. Este núcleo compartido es una porción del modelo comúnmente aceptada y usada por todos los contextos involucrados, permitiendo que distintas partes del sistema trabajen juntas sin duplicar esfuerzos ni causar malentendidos.

Por ejemplo, tanto "Gestión de Reservas" como "Facturación" podrían compartir algunos componentes básicos como la " Información del Cliente" o "Datos del Vuelo". El Shared Kernel permite tener una base común que asegura la consistencia y reduce el riesgo de desincronización entre contextos que deben trabajar juntos estrechamente.

4.6. Patrones Tácticos de DDD

Factories: Creando cosas correctamente

¿Te suena el patrón factoría? ¡Correcto! Es el mismo patrón que ya estudiamos anteriormente.

En el mundo de Domain-Driven Design, las Factories (Fábricas) son patrones tácticos que te ayudan a crear complejas entidades y agregados de manera correcta y consistente. Imagina que estás construyendo una nave espacial. No puedes solo juntar piezas aleatoriamente y esperar que funcione. Lo mismo sucede con tus entidades; necesitas un método confiable para ensamblarlas.

Las Factories se encargan de encapsular la lógica de creación de estas entidades y agregados. ¿Por qué es esto importante? Porque a medida que una entidad crece en complejidad, la lógica para su creación también se vuelve más complicada. Tener una fábrica asegura que todas las reglas y validaciones necesarias se apliquen en el momento de la creación.

Por ejemplo, en un sistema de reservas de vuelos, podrías tener una fábrica para crear una reserva. Esta fábrica se encargaría de verificar que los vuelos existen, que las fechas son válidas y que los asientos están disponibles, entre otras cosas. Así, puedes garantizar que cada instancia de la entidad "Reserva" es creada en un estado válido desde el principio.

Repositories: Más que simples bases de datos

Los Repositories (Repositorios) son una abstracción sobre la persistencia de tus agregados. La idea detrás de un repositorio es proporcionar una interfaz para acceder a tus agregados sin exponer los detalles de cómo y dónde están almacenados. Piensa en los repositorios como una especie de "librero mágico". No necesitas saber en qué estante está un libro (entiéndase entidad o agregado); solo necesitas saber qué libro quieres y el repositorio se encarga del resto.

En DDD, los repositorios suelen seguir el patrón de diseño Repository, donde tenemos métodos como `save`, `findById`, y `delete`. Pero no se trata solo de interactuar con una base de datos; un buen repositorio se asegura de que todas las reglas y consistencias del dominio se respeten durante estas operaciones.

Por ejemplo, el repositorio de "Reserva" en nuestro sistema de vuelos podría garantizar que no guardes una reserva con un vuelo inexistente o duplicado. El repositorio actúa como un guardián, validando las operaciones de persistencia según las reglas del dominio.

Domain Events: Susurrando entre entidades

Los Domain Events son una forma poderosa de comunicar cambios y eventos significativos dentro de tu dominio. Piensa en los eventos de dominio como mensajes susurrados entre tus entidades: "Oye, algo importante acaba de pasar". Estos eventos son esenciales para mantener tus agregados y entidades sincronizados sin necesidad de acoplamiento fuerte.

Por ejemplo, si un pasajero cancela un vuelo, el sistema genera un evento `VueloCancelado` que notifica a otros componentes del sistema sobre este cambio. Así puedes ejecutar otras acciones, como reembolsos automáticos, notificaciones al pasajero y actualización de la disponibilidad del vuelo.

Los Domain Events facilitan la gestión de lógica compleja y asegurarte de que todas las partes de tu sistema reaccionan adecuadamente a los cambios en el estado del dominio.

Specification Pattern: Definiendo las reglas del juego

El Specification Pattern es como un árbitro que asegura que las entidades cumplan con ciertas reglas antes de ser procesadas. Este patrón te permite encapsular criterios de negocio y lógica de validación en componentes reutilizables y fácilmente combinables.

Imagina que tienes múltiples reglas para determinar si una reserva es válida: el vuelo debe estar disponible, el pago debe estar procesado, y el pasajero no debe estar en una lista negra. Las especificaciones te permiten definir cada una de estas reglas por separado y luego combinarlas para validar la reserva en su totalidad.

Por ejemplo, podrías tener una especificación `VueloDisponible` y otra `PagoProcesado`. Estas especificaciones pueden ser combinadas en algo como `check VueloDisponible().And(nueva PagoProcesado())`. Esto te da una manera flexible y robusta de aplicar reglas de negocio complejas y cambiantes sin ensuciar tu código.

Application Services: El pegamento que une

Los Application Services actúan como el pegamento que une todas estas piezas tácticas en un flujo cohesivo. No confundir con los servicios de dominio, los Application Services se sitúan en una capa superior y orquestan la lógica de negocio llamando a las fábricas, repositorios, y aplicando especificaciones cuando sea necesario.

Un Application Service en nuestro sistema de reservas de vuelos podría manejar la lógica de crear una nueva reserva. Llamaría a la fábrica correspondiente para crear la reserva, aplicaría las especificaciones para validar los datos y finalmente usaría el repositorio para persistir la reserva.

Este esquema asegura que toda la lógica de negocio está centralizada y ordenada, haciendo que tu aplicación sea más mantenible y coherente.

4.7. Ventajas y retos del DDD

Beneficios a largo plazo

Una de las mayores ventajas de DDD es su capacidad para ofrecer beneficios a largo plazo. Al centrarse en la lógica de negocio y en modelos bien definidos,

DDD asegura que su software no solo cumple con los requisitos actuales, sino que también puede adaptarse fácilmente a futuros cambios y expansiones. Esto se traduce en un sistema que es más fácil de mantener y evolucionar.

Además, DDD actúa como un cortafuegos efectivo contra la deuda técnica. Cuando se crea software sin una estructura clara, es fácil acumular deuda técnica, que es el costo adicional de tener que arreglar problemas y optimizar el código en el futuro. Al aplicar DDD, está creando una estructura sólida que reduce la acumulación de deuda técnica, limitando la necesidad de costosos refactorizados y permitiendo una evolución más suave del sistema.

Desafíos y cómo enfrentarlos

Aunque DDD ofrece muchos beneficios, también presenta desafíos que deben ser enfrentados. Uno de los mayores retos es la curva de aprendizaje. Adoptar DDD puede requerir tiempo y esfuerzo para todos los miembros del equipo, desde desarrolladores hasta expertos en el dominio. La terminología y los conceptos pueden ser complejos y puede tomar un tiempo antes de que todos estén en la misma página.

Otro desafío es el esfuerzo inicial requerido para implementar DDD. Crear modelos de dominio sólidos, definir Contextos Delimitados y establecer un lenguaje ubicuo son tareas que requieren una inversión significativa de tiempo y recursos. En proyectos con plazos ajustados, puede ser difícil justificar este esfuerzo inicial.

Para enfrentar estos desafíos, una estrategia efectiva es comenzar con un enfoque incremental. No intente aplicar todos los conceptos de DDD de una vez. Comience con un dominio pequeño y crítico para su negocio y aplique DDD allí. Esto le permitirá aprender y adaptarse sin una carga abrumadora. Además, la formación continua y la colaboración entre los equipos de desarrollo y los expertos en el dominio son cruciales para enfrentar y superar la curva de aprendizaje.

También es útil establecer metas claras y medibles desde el principio. Esto ayudará a mantener a todos enfocados y proporcionará una forma de medir el progreso y el éxito del enfoque de DDD.

Mitos y realidades de DDD

Como cualquier metodología, DDD viene con su propio conjunto de mitos que a menudo pueden desalentar a las organizaciones de adoptarlo. Desvelemos algunos de estos mitos y aclaremos las realidades.

Mito 1: DDD es solo para proyectos grandes y complicados. Realidad: Aunque es cierto que DDD puede ser extremadamente beneficioso en sistemas grandes y complejos, también puede aplicarse a proyectos más pequeños. La clave es identificar el dominio crítico para su negocio y aplicar DDD allí. Incluso en proyectos pequeños, este enfoque puede mejorar significativamente la calidad y la mantenibilidad del software.

Mito 2: Implementar DDD es muy costoso y consume mucho tiempo. Realidad: Mientras que los beneficios completos de DDD se pueden ver a largo plazo, comenzar con un enfoque incremental puede mitigar el costo inicial. Además, la reducción de la deuda técnica y la mejora en la calidad del software pueden justificar esta inversión inicial. Al final, el costo de no implementar DDD puede ser mucho mayor en términos de refactorización y mantenimiento constante.

Mito 3: DDD es demasiado complicado para mi equipo. Realidad: DDD ciertamente tiene una curva de aprendizaje, pero con la capacitación adecuada y un enfoque iterativo, cualquier equipo puede dominarlo. La colaboración entre los desarrolladores y los expertos en el dominio también facilita la adopción de DDD. Recuerde, no es necesario que adopte todos los conceptos de inmediato; la adopción gradual puede hacer que el proceso sea más digestible para su equipo.

Mito 4: DDD es solo para arquitectos y no para desarrolladores. Realidad: DDD es una metodología que involucra a todos los miembros del equipo. De hecho, uno de los elementos clave de DDD es el lenguaje ubicuo, que fomenta una colaboración estrecha entre los desarrolladores y los expertos en el dominio. Todos en el equipo, desde los desarrolladores hasta los stakeholders, tienen un papel que desempeñar en el éxito de DDD.

En resumen, mientras que DDD presenta algunos desafíos y puede estar envuelto en mitos que lo hacen parecer intimidante, las ventajas a largo plazo y el potencial para resolver problemas de deuda técnica y mantenibilidad lo hacen una opción poderosa para muchos proyectos. Con un enfoque incremental y un compromiso con la formación continua, su equipo puede superar los obstáculos y adoptar DDD de manera efectiva, cosechando sus numerosos beneficios.

5. Arquitectura de Software

5.1. ¿Qué es la Arquitectura de Software?

Diferencias entre diseño y arquitectura

A menudo, vemos los términos "diseño de software" y "arquitectura de software" usados indistintamente, lo cual puede complicar un poco las cosas. Pero si tu meta es diseñar software de calidad, es crucial distinguir entre estos dos.

- **Arquitectura de Software** se refiere a las decisiones estructurales de alto nivel que determinan el diseño global del sistema. Piensa en las decisiones fundamentales y estratégicas que influyen en el diseño final: la elección de patrones arquitectónicos, la definición de componentes, y cómo estos interactúan entre sí.

    Ejemplo: Decidir que tu aplicación web será construida usando una arquitectura de microservicios.

- **Diseño de Software**, en cambio, se aplica a un nivel más bajo. Nos enfocamos en aspectos internos del sistema y en cómo implementar de manera efectiva las piezas individuales. Estos son detalles menos abstractos, como elegir entre implementar una lista enlazada o un array.

    Ejemplo: Diseñar el modelo de datos para un servicio específico en esa misma aplicación web.

Piénsalo de esta manera: La **arquitectura** es el plano del edificio y el **diseño** son cada una de las habitaciones, con detalles como qué tipo de muebles escoger y dónde ubicar el sofá.

Definición de componentes

En arquitectura de software, un **componente** es una pieza autónoma y reemplazable del sistema que realiza una función específica. Piensa en ellos como pequeños bloques de Lego. Cada uno tiene su propia forma y color (funcionalidad específica), pero juntos forman algo mayor y más complejo. Por ejemplo, en una aplicación web, podrías tener componentes como la base de datos, el servidor de aplicaciones, y la interfaz de usuario.

Estilos arquitectónicos

Un **estilo arquitectónico** es una plantilla para una solución común en un problema recurrente. Es como la receta de tu pasta favorita: te da las instrucciones básicas para conseguir un resultado deseado, aunque puedes adaptarla según tus necesidades y gustos.

Ejemplos de estilos arquitectónicos

1. **Monolítico:** Todo el código y la lógica de la aplicación se encuentran en un único lugar. Fácil de desarrollar y desplegar, pero puede convertirse en una pesadilla para mantener y escalar.

2. **Microservicios:** La aplicación está descompuesta en múltiples servicios más pequeños, cada uno gestionando una parte específica de la funcionalidad, y comunicándose entre sí a través de APIs. Escalable y mantenible, pero más complejo de gestionar.

3. **Cliente-Servidor:** Divides la aplicación en dos partes: el cliente que interactúa con los usuarios y el servidor que maneja el procesamiento y almacenamiento de datos.

4. **Event-Driven:** Los componentes se comunican entre sí mediante la generación y el manejo de eventos. Muy útil en sistemas altamente asíncronos.

Patrones arquitectónicos

Los **patrones arquitectónicos** son soluciones estándar a problemas comunes de arquitectura (como los patrones de diseño en el diseño de software). Son como los estilos arquitectónicos, pero más específicos y enfocados en resolver problemas particulares.

Ejemplos de patrones arquitectónicos

1. **MVC (Modelo-Vista-Controlador):** Separa la lógica de la aplicación en tres componentes principales: el modelo (gestión de datos), la vista (presentación) y el controlador (manejo de entradas). Ideal para aplicaciones con interfaces de usuario complejas.

2. **CQRS (Command Query Responsibility Segregation):** Divide la responsabilidad de lectura y escritura en diferentes modelos. Ayuda a

optimizar y escalar sistemas con grandes volúmenes de operaciones de lectura y escritura.

3. **Microkernel:** Básicamente, tienes un núcleo mínimo y funcional y extiendes la funcionalidad mediante plugins. Piensa en cómo funcionan los navegadores web con sus extensiones.

Enfrentando problemas arquitectónicos

Robustez y mantenibilidad

Si hay algo que me ha enseñado mi experiencia en Kompyte, es que la robustez y mantenibilidad del software no son negociables. No importa lo emocionado que esté un programador con una nueva tecnología; si no se diseñan soluciones robustas y mantenibles, el proyecto está condenado a sufrir a largo plazo.

Para garantizar estas cualidades, es fundamental realizar revisiones de arquitectura periódicas, pruebas de estrés y contar con una documentación clara y detallada. Además, es esencial fomentar una cultura de cooperación y feedback abierto en el equipo.

Escalabilidad

El diseño arquitectónico debe prever el crecimiento. Al planificar la arquitectura, hay que ser proactivo y no reactivo. Herramientas como el escalado horizontal (añadir más máquinas) y vertical (aumentar la capacidad de una máquina) deben ser consideradas desde el principio.

Deuda tecnológica

La deuda tecnológica es como la tarjeta de crédito del desarrollo de software: es tentador usarla para obtener resultados rápidamente, pero los intereses pueden acumularse y resultar muy costosos. Para gestionar la deuda tecnológica, es crucial adoptar buenas prácticas desde el principio, como la refactorización constante, escribir pruebas automatizadas y seguir principios de diseño sólidos.

Conclusión

Diseñar una arquitectura de software adecuada es como construir los cimientos de una casa robusta y duradera. No escatimes en tiempo ni esfuerzo en esta etapa, porque de ello dependerá el éxito y la longevidad de tu proyecto. La arquitectura de software no se trata solo de hacer que las cosas funcionen hoy, sino de asegurarse de que seguirán funcionando y adaptándose en el futuro.

Recuerda siempre que la perfección no está en la complejidad, sino en la simplicidad que permite crecimiento y mantenimiento.

5.2. Arquitecturas Monolíticas

¿Qué es la Arquitectura Monolítica?

Imagina que estás construyendo un castillo de arena en la playa. Te decides por una sola estructura grande, igual que la mayoría de los niños. Es sencillo y rápido de construir, y además, puedes ver el resultado de tu esfuerzo de inmediato. Esta es la esencia de una **arquitectura monolítica**: todo está junto, en un solo lugar.

Vamos ahora a profundizar en esta metáfora y, de paso, veremos sus ventajas y desventajas.

Ventajas de las Arquitecturas Monolíticas

Sencillez inicial

Construir un castillo de una pieza tiene su encanto. Para empezar, es fácil. No tienes que pensar en cómo las diferentes partes del castillo se relacionan entre ellas porque todas forman parte de la misma estructura. En términos de software, esto significa que al inicio simplemente **tomas tus ideas y las transformas en una aplicación funcional sin demasiada preocupación por la complejidad interna**.

Desarrollo rápido

No necesitas que cada torre de tu castillo sea modular y autosuficiente. Solo construye una torre sobre la otra y listo. De manera similar, cuando empiezas con un sistema monolítico, verás resultados rápidamente. Piénsalo como hacer un boceto: es algo que puedes hacer rápido y, en poco tiempo, ya estás viendo logros significativos.

Gestión sencilla

Imagina que tu castillo tiene un solo lugar para los guardias. Así siempre sabes dónde están y qué están haciendo. En términos de software, **la gestión de tu monolito suele ser más sencilla**. Tienes un único código base, una única base de datos y un único lugar donde aplicar cambios.

Rendimiento ideal

Todo está tan compactamente unido en un monolito que los procesos pueden comunicarse de manera extremadamente eficiente. No hay necesidad de configuraciones especiales para asegurar que los distintos servicios se hablen entre ellos sin problemas. Es como si tus muñecos de acción en el castillo hablasen todos el mismo idioma y no necesitas traductores.

Desventajas de las Arquitecturas Monolíticas

Complejidad creciente

¿Recuerdas cómo era sencillo empezar con un solo castillo? ¡Pues cuidado! A medida que sigues añadiendo más y más arenas a diferentes partes del castillo, se convierte en algo más complicado de mantener. Lo mismo ocurre con los sistemas monolíticos. **Inicialmente es fácil, pero a medida que la aplicación crece, se convierte en una bola de nieve de complejidad.** Es común que los desarrolladores terminen "pisándose los pies" unos a otros si no son extremadamente cuidadosos.

Escalabilidad limitada

Volviendo a la metáfora del castillo: si quisieras hacer tu castillo más grande, probablemente tendrías que derrumbar algunas partes existentes para añadir nuevas. Igual en el software, escalar un monolito no es simplemente "añadir más" de lo que ya tienes. **Puedes encontrarte destrozando partes bien establecidas de tu aplicación para hacer espacio a nuevas funcionalidades.**

Implementaciones problemáticas

Cuando llega el momento de actualizar o implementar nuevas características en tu monolito, se parece más a mover todo el castillo a otra playa. **Una pequeña actualización puede requerir probar e implementar el sistema entero de nuevo.** Esto puede llevar mucho tiempo y, a menudo, trae consigo errores inesperados que debes corregir al vuelo.

¿Cuándo es adecuado usar una Arquitectura Monolítica?

Ahora bien, con todo lo que dijimos, ¿hay momentos en los que un monolito sea una buena idea? Absolutamente. Aquí van algunos ejemplos concretos:

Startups y MVPs

Eres una startup con una idea genial, pero estás corto de tiempo y recursos. Lo que necesitas es **lanzar tu producto al mercado lo antes posible**. Un monolito podría ser la opción ideal aquí, permitiéndote iterar rápidamente sobre tu producto y validar tu idea sin una gigantesca inversión en arquitectura.

Aplicaciones internas

Tienes una herramienta interna que solo va a ser utilizada por un equipo pequeño y sabes que no va a escalar más allá de eso. ¿Por qué complicarte con microservicios y otras complejidades? Un monolito es simple y cumple exactamente con tus necesidades.

Proyectos con alcance limitado

Estás desarrollando una aplicación con un alcance bien acotado y definido. Tal vez un portal para un evento temporal o una herramienta que resuelve un problema específico y no planeas expandir mucho. Aquí, la simplicidad y rapidez de un monolito son beneficios claros.

Conclusión

En resumen, las arquitecturas monolíticas tienen su lugar y su momento. Son como ese castillo de arena sencillo y rápido de construir que te permite ver los resultados ya mismo. Pero a medida que tu proyecto crezca y madure, podría ser que necesites considerar diferentes enfoques.

Recuerda que la clave está en la **simplicidad inicial** y la **rapidez de implementación**. Solo asegúrate de tener siempre en mente la posibilidad de que, eventualmente, tendrás que replantearte la estructura, tal como ocurre con cualquier construcción ante nuevos desafíos.

5.3. Arquitecturas basadas en Microservicios

Vamos a cambiar nuestro escenario de construcción. Imagina que, en lugar de un solo castillo de arena, ahora tienes un montón de piezas de Lego con las cuales puedes construir muchas pequeñas estructuras independientes: torres, murallas, puentes y más. Cada una de estas piezas es autónoma, pero todas juntas forman un magnífico castillo. Este es el mundo de una **arquitectura basada en microservicios**.

¿Qué es una arquitectura de Microservicios?

En términos simples, una **arquitectura de microservicios** divide una aplicación en **pequeños servicios independientes** , cada uno realizando una tarea específica. Al igual que los bloques de Lego, estos servicios están diseñados para ser **reutilizados y combinados de diversas maneras**.

Beneficios de los Microservicios

Escalabilidad

Imagina que tienes una torre en tu castillo de Lego y, de repente, hay un gran evento y necesitas hacerla mucho más alta para alojar todos los invitados. No necesitas reconstruir todo el castillo, solo añades más bloques a esa torre específica. Similarmente, los microservicios permiten escalar solo las partes de la aplicación que necesitan más recursos. **Por ejemplo, si tu servicio de autenticación (un microservicio) empieza a recibir más tráfico, puedes escalar solo ese servicio sin tocar los demás.**

Flexibilidad y autonomía

Cada microservicio es como un artesano en una feria medieval: cada uno tiene su propio puesto y hace su propio trabajo. Esto **permite a los equipos trabajar de manera autónoma y elegir las mejores herramientas y tecnologías para cada servicio.** ¿Quieres usar Python para el procesamiento de datos y Node.js para las APIs? ¡Sin problemas! Cada equipo puede trabajar en su propio microservicio con sus propias tecnologías.

Resiliencia

Si uno de tus microservicios falla, no significa que todo tu castillo colapse. Imagina que uno de los puentes de Lego se rompe; aún puedes seguir usando otras partes del castillo. De igual manera, **si un microservicio se cae, el resto del sistema puede funcionar sin problemas**, incrementando la resiliencia general de la aplicación.

Depuración y mantenibilidad

Imagina tratar de encontrar un problema en un castillo de arena monolítico versus buscar una pieza defectuosa en un conjunto de Lego donde cada pieza es fácil de identificar. En los microservicios, **es más sencillo identificar y solucionar errores** porque cada servicio está aislado. Si hay un problema en el servicio de facturación, sabes exactamente dónde mirar sin tener que revisar el código de todo el sistema.

Desafíos de los Microservicios

Complejidad en la comunicación

Ahora, con todas esas piezas de Lego (microservicios) comunicándose entre sí, necesitas establecer reglas claras para que no haya malentendidos. Los microservicios **dependen de comunicaciones eficientes y bien diseñadas**, generalmente operan a través de APIs o colas de mensajería. Este tráfico extra puede volverse un dolor de cabeza si no se gestiona adecuadamente.

Implementaciones más compuestas

En lugar de mover un solo castillo, ahora estás moviendo todas esas piezas de Lego de un lugar a otro. Implementar microservicios es **más complejo y requiere una orquestación cuidadosa**. Herramientas de CI/CD y contenedorización como Docker y Kubernetes suelen ser esenciales, añadiendo una capa de complejidad.

Gestión de datos

Cada microservicio puede tener su propia base de datos, como puestos diferentes en la feria, cada uno con su propio inventario. **Coordinar la consistencia del estado entre diferentes microservicios puede ser complicado**. Los problemas de transacciones distribuidas y la consistencia eventual son desafíos comunes en estos entornos.

Trazabilidad y monitoreo

Tener todos esos microservicios interactuando genera una gran cantidad de puntos de datos. **Saber qué está pasando en tu sistema requiere herramientas avanzadas de monitoreo y trazabilidad**. Servicios como Jaeger o Zipkin se utilizan para seguir las trazas entre microservicios, pero son herramientas que hay que aprender a utilizar y configurar correctamente.

Cuándo es adecuado usar una arquitectura de microservicios

Volvamos a nuestras estructuras de Lego. Si bien son increíbles para proyectos grandes y complejos, no siempre son la mejor opción. Aquí hay algunos escenarios donde los microservicios brillan:

Aplicaciones a gran escala

Proyectos grandes y ambiciosos, como un e-commerce con millones de usuarios, se benefician enormemente de la escalabilidad** y la **resiliencia** que ofrecen los microservicios. La capacidad de escalar independientemente las diferentes funcionalidades (carrito de compras, recomendaciones, pagos) es una gran ventaja.

Equipos distribuidos

En una organización grande con múltiples equipos trabajando en diferentes zonas horarias y localidades, la **autonomía y flexibilidad** que proporcionan los microservicios permiten a cada equipo trabajar eficientemente en su propio dominio sin afectar a los demás.

Aplicaciones con requerimientos de alta disponibilidad

Para servicios que no pueden permitirse el lujo de tener tiempo de inactividad, los microservicios ofrecen una arquitectura resistente. La **resiliencia** y la **capacidad de aislar fallos** son cruciales para mantener la funcionalidad sin interrupciones.

Conclusión

Las arquitecturas de microservicios son como esos bloques de Lego: versátiles, escalables y con la posibilidad de crear estructuras complejas y robustas. Pero esta flexibilidad y potencia vienen con su propia cuota de desafíos. Si eliges caminar por este camino, asegúrate de estar bien preparado y armado con las herramientas adecuadas.

5.4. Arquitectura Orientada a Servicios (SOA)

Hasta ahora hemos construido castillos de arena y castillos de Lego. Ahora, imaginemos que construimos una ciudad completa. Esta ciudad tiene edificios especializados: hospitales, escuelas, casas, fábricas, y todos funcionan juntos para crear un entorno cohesivo. Cada uno de estos edificios hace su trabajo, pero todos están conectados mediante una infraestructura común: calles, tuberías, líneas eléctricas. Así es como puedes imaginar una **Arquitectura Orientada a Servicios (SOA)**.

¿Qué es SOA?

La **Arquitectura Orientada a Servicios (SOA)** es un enfoque de diseño de software donde los servicios se comunican entre sí a través de un bus o un mecanismo centralizado. Cada servicio realiza una función empresarial específica y se integra usando un protocolo común.

Principios de SOA

Desacoplamiento

Imagina que en tu ciudad, cada edificio tiene su propio propósito y son autónomos. En SOA, cada servicio se diseña para ser independiente, de modo que **los cambios en un servicio no impacten directamente en los otros**. Esto permite que los servicios se puedan actualizar, reemplazar o mover sin afectar todo el sistema.

Interoperabilidad

Los edificios de nuestra ciudad son diversos: algunos son modernos, otros tradicionales, pero todos están conectados. SOA **se centra en la interoperabilidad**, lo que significa que los servicios pueden comunicarse independientemente de las plataformas en las que fueron desarrollados. Usar estándares comunes (como XML, JSON, SOAP) asegura que los servicios puedan interactuar sin problemas.

Reutilización

Piensa en la versatilidad de un hospital que puede ser usado por cualquier residente de la ciudad. De la misma manera, los servicios en SOA están diseñados para **ser reutilizables**. Un servicio de autenticación puede ser usado por múltiples aplicaciones dentro de la organización, promoviendo la eficiencia y la reducción de redundancias.

Descubrimiento

En nuestra ciudad, necesitas un mapa para saber dónde está cada edificio. **En SOA, existe un registro de servicios** que permite descubrir y acceder a los diferentes servicios disponibles. Este registro actúa como un directorio donde puedes encontrar qué servicios están disponibles y cómo conectar con ellos.

Comparación entre SOA y la Arquitectura de Microservicios

Modelo de comunicación

Uno de los mayores contrastes entre SOA y la arquitectura de microservicios es cómo se comunican los servicios. En SOA, los servicios tienden a comunicarse a través de un **Enterprise Service Bus (ESB)**, una especie de superautopista para datos que también puede incluir lógica empresarial, enrutamiento y transformación de mensajes.

Por otro lado, los microservicios prefieren **comunicarse directamente entre sí usando APIs ligeras** como REST o colas de mensajería, sin necesidad de un intermediario central complejo. Siguiendo la metáfora de la ciudad, SOA tiene una red principal de tuberías y cables subterráneos, mientras que los microservicios utilizan caminos más directos y simples entre los edificios.

Granularidad del servicio

En SOA, los servicios tienden a ser más **grandes y cohechos**, abordando una funcionalidad empresarial completa. Es como si un edificio fuera multifuncional: tiene oficinas, áreas de recreo, y servicios médicos todo en uno.

En contraste, en la arquitectura de microservicios, cada microservicio es más **pequeño y enfocado en una tarea específica**. Esto es como tener un edificio solo para oficinas, otro solo para viviendas y otro solo para servicios médicos. La granularidad más fina de los microservicios permite una mayor flexibilidad y agilidad en la implementación y actualización de cada componente.

Gestión y gobernanza

En SOA, debido a la centralización a través del ESB, hay una **gobernanza más estricta y centralizada**. Todo está más controlado y estandarizado, lo que puede resultar en una menor flexibilidad en comparación con los microservicios.

La arquitectura de microservicios, en cambio, promueve una **gobernanza distribuida**. Cada equipo es responsable de su propio microservicio y tiene la libertad de elegir las tecnologías y métodos que consideren más adecuados. Esto puede llevar a una mayor autonomía y eficiencia a nivel de equipo, pero también puede resultar en un desafío para mantener la coherencia y la estandarización a medida que el sistema crece.

Cuándo es adecuado usar SOA

Grandes empresas con sistemas legados

SOA es ideal para grandes organizaciones con **sistemas legados** que necesitan integrarse y comunicarse de manera efectiva sin desmantelar sistemas existentes. La capacidad de conectar diferentes plataformas y tecnologías es uno de los puntos fuertes de SOA.

Necesidad de gobernanza centralizada

En entornos donde la **seguridad y la gobernanza centralizada** son cruciales, como en servicios financieros o gubernamentales, SOA proporciona una estructura y un control que pueden ser beneficiosos.

Procesos empresariales complejos

Cuando tienes procesos empresariales complejos que necesitan un **alto grado de orquestación y coordinación**, SOA puede manejar estas interacciones de una manera más manejable gracias a su ESB.

Conclusión

La Arquitectura Orientada a Servicios (SOA) es como construir una ciudad con edificios especializados, conectados a través de una infraestructura común. Provee una buena solución para integrar sistemas diversos y proporciona beneficios claros en cuanto a desacoplamiento, interoperabilidad y reutilización. Sin embargo, también viene con su propia carga de complejidad y de ciertas limitaciones en cuanto a escalabilidad y agilidad comparadas con microservicios.

5.5. Event-Driven Architecture (Arquitectura Dirigida por Eventos)

Supongamos que estás en una granja de hormigas. Cada hormiga está ocupada haciendo su propia tarea: una recolecta comida, otra cuida de las larvas, otra defiende el hormiguero. Cada vez que una hormiga termina su tarea, envía una señal para que otra hormiga comience la suya. Esta coordinación a base de señales asegura que cada tarea se realice de manera eficiente y en el momento adecuado. Ahora, imagina que nuestro sistema de software funciona de manera similar, reaccionando a señales (eventos) para realizar acciones. Este es el mundo de la **Arquitectura Dirigida por Eventos** o **Event-Driven Architecture (EDA)**.

¿Qué es la Arquitectura Dirigida por Eventos?

En una **Arquitectura Dirigida por Eventos (EDA)**, el flujo de trabajo de una aplicación está determinado por la generación, detección, consumo y reacción a eventos. Un evento es un cambio de estado, por ejemplo: "una orden fue creada", "el stock fue actualizado". Cada evento desencadena una o varias acciones específicas dentro del sistema.

Beneficios de una Arquitectura Dirigida por Eventos

Escalabilidad

Volviendo a nuestra granja de hormigas, si de repente se necesita recolectar mucha más comida, más hormigas recolectoras se activan sin afectar a aquellas que cuidan de las larvas o protegen el hormiguero. **En una EDA, la escalabilidad se logra fácilmente porque las tareas se desencadenan por eventos, lo que permite que las acciones se lleven a cabo de manera independiente y altamente paralelizada.**

Flexibilidad

Imagina que quieres enseñar a tus hormigas una nueva tarea. Como cada tarea depende de señales específicas, puedes añadir nuevos eventos y acciones sin interrumpir las tareas existentes. De la misma manera, **las EDA permiten añadir, modificar o eliminar funciones con menor impacto en el sistema**, ya que las acciones están desacopladas y desencadenadas por eventos específicos.

Reacción en tiempo real

Las hormigas reaccionan casi instantáneamente a los cambios en su entorno. En una EDA, las aplicaciones pueden reaccionar en tiempo real a los eventos**, lo que es ideal para sistemas que requieren alta reactividad y capacidad de respuesta inmediata, como en las aplicaciones de IoT o en sistemas financieros.

Conceptos clave en la Arquitectura Dirigida por Eventos

Event Sourcing

Pensemos en escribir un diario. Cada entrada en el diario es un evento que ocurrió en tu día. Si sumas todas las entradas, obtienes un diario completo (el estado actual). **Event Sourcing** es una técnica en la que cada cambio de estado en el sistema es registrado como un evento, en lugar de simplemente actualizar el estado. Esto permite reconstruir el estado actual de la aplicación al reproducir todos los eventos desde el inicio.

Ventajas de Event Sourcing:

- **Auditabilidad**: Puedes ver exactamente cómo el estado del sistema ha cambiado a lo largo del tiempo.

- **Flexibilidad**: Puedes cambiar cómo interpretas los eventos sin cambiar los eventos en sí mismos, permitiendo iteraciones sobre el modelo de datos.
- **Reproducción del estado**: Puedes regenerar el estado del sistema en cualquier momento simplemente reproduciendo los eventos.

CQRS (Command Query Responsibility Segregation)

Ahora imagina que tienes dos tipos de hormigas: unas que solo recolectan y otras que solo organizan la comida. En términos de software, el patrón **CQRS (Command Query Responsibility Segregation)** separa las operaciones de escritura (comandos) y lectura (consultas) en diferentes modelos. Esto optimiza cada tipo de operación, ya que las consultas pueden ser altamente optimizadas para lectura y los comandos para la escritura.

Ventajas de CQRS:

- **Optimización**: Permite optimizar las operaciones de lectura y escritura de manera independiente.
- **Escalabilidad**: Facilita la escalabilidad horizontal, ya que los lectores y escritores pueden ser escalados de manera separada.
- **Flexibilidad**: Cada lado (comando o consulta) puede evolucionar de manera independiente.

Cómo las EDA mejoran la escalabilidad y el rendimiento

Imagina que nuestra granja de hormigas se multiplica por diez. Debido a la naturaleza descentralizada y reaccionaria de las hormigas, ellas pueden adaptarse a esta nueva escala sin mucha dificultad. De manera similar, las EDA manejan la escalabilidad horizontal** de forma natural porque cada evento puede ser procesado de manera independiente por múltiples instancias de servicio.

Procesamiento distribuido

Cada evento puede ser procesado por diferentes microservicios en paralelo, permitiendo que el sistema maneje una carga alta y variada sin problemas. **No dependes de un único punto de fallo o cuello de botella**, lo cual es esencial para aplicaciones que necesitan manejar grandes volúmenes de datos o transacciones.

Latencia reducida

La capacidad de reaccionar en tiempo real a eventos significa que no hay necesidad de esperar a procesos por lotes o ciclos de actualización. **Esto**

reduce la latencia y mejora el rendimiento del sistema en general. Para aplicaciones críticas, como las financieras o de IoT, esta capacidad de respuesta inmediata es vital.

Aplicaciones y ejemplos de EDA

E-commerce

En una tienda en línea, cada vez que un cliente realiza una compra, se genera un evento "orden creada". Este evento puede desencadenar múltiples acciones: reducir el inventario, enviar una confirmación al cliente, iniciar el proceso de envío, etc. Cada acción se procesa independientemente, mejorando la **escalabilidad** y **flexibilidad** del sistema.

IoT

Los dispositivos IoT generan una gran cantidad de datos de eventos en tiempo real. Una arquitectura dirigida por eventos es ideal aquí, ya que puede procesar estos datos instantáneamente, activar alarmas, actualizar dashboards en tiempo real, etc.

Finanzas

En sistemas financieros, donde la rapidez y la reactividad son cruciales, una EDA permite manejar transacciones en tiempo real, detectar fraudes de manera instantánea y adaptar rápidamente a cambios en el mercado.

Conclusión

La Arquitectura Dirigida por Eventos (EDA) es como una eficiente granja de hormigas: cada componente está atento y listo para actuar cuando se desencadena un evento. Esta arquitectura ofrece una excelente **escalabilidad, flexibilidad** y capacidad de **respuesta en tiempo real**. Sin embargo, también requiere un enfoque disciplinado para la gestión de eventos, incluyendo técnicas como **Event Sourcing** y **CQRS** para manejar la complejidad.

5.6. Arquitectura Hexagonal

¿Qué es la Arquitectura Hexagonal?

Imagina que estás construyendo un parque de atracciones. Cada atracción está perfectamente diseñada para operar de manera independiente, pero todas están interconectadas a través de caminos bien trazados y planificados. Cada atracción puede tener su propio equipo de mantenimiento y si decides añadir una nueva montaña rusa, no necesitas rehacer todo el parque, solo encontrar el sitio perfecto. **Esto es lo que la Arquitectura Hexagonal** busca: separar las preocupaciones y permitir que todo encaje de forma armoniosa y flexible.

La arquitectura hexagonal, también conocida como arquitectura de puertos y adaptadores, organiza una aplicación en torno a su núcleo de dominio y su interacción con los sistemas externos, como bases de datos, interfaces de usuario o servicios de terceros, a través de puertos y adaptadores. El núcleo de la aplicación, que contiene la lógica de negocio más importante, se mantiene aislado de las dependencias externas. Esta separación garantiza que los detalles de infraestructura (como la base de datos o el framework de presentación) no influyan en el comportamiento fundamental de la aplicación. La independencia del núcleo facilita el cambio o sustitución de tecnologías externas sin afectar el comportamiento interno del sistema.

El diseño de la arquitectura hexagonal define dos tipos de interfaces principales: puertos y adaptadores. Los puertos representan las interfaces a través de las cuales el núcleo del sistema se comunica con el mundo exterior, como las entradas y salidas de datos o las interacciones con otras aplicaciones. Un puerto puede representar una acción del sistema, como "crear un pedido" o "consultar clientes". En contraste, los adaptadores son componentes que implementan esas interfaces para interactuar con tecnologías específicas, como bases de datos, APIs, mensajería, o incluso interfaces de usuario. Por ejemplo, un adaptador de base de datos podría implementar los métodos necesarios para interactuar con una base de datos relacional, mientras que un adaptador de API REST podría manejar peticiones HTTP.

La principal ventaja de esta arquitectura es que permite mantener la flexibilidad y modularidad del sistema. Si un componente externo, como una base de datos o una API, necesita ser reemplazado, solo es necesario modificar o crear un nuevo adaptador para ese puerto específico, sin alterar el núcleo del sistema. Esta estructura facilita el desarrollo de pruebas, ya que es sencillo sustituir adaptadores concretos por versiones simuladas (mocks) para verificar la funcionalidad del dominio sin depender de componentes externos reales. Además, la arquitectura hexagonal promueve la separación de responsabilidades, lo que conduce a sistemas más mantenibles y escalables en el tiempo.

Ventajas de la Arquitectura Hexagonal

Independencia de componentes

En nuestro parque de atracciones, cada atracción puede funcionar por sí misma. De igual manera, en una Arquitectura Hexagonal, **cada componente de tu sistema tiene su propia autonomía**. Esto hace que tu código sea más modular y, por ende, más fácil de mantener y de testear. Puedes trabajar en una parte sin afectar todo el sistema.

Flexibilidad

¿Te falta una atracción nueva en tu parque? No hay problema, solo añadela sin interrupciones a las demás. Con la Arquitectura Hexagonal, **agregar nuevas funcionalidades** o cambiar las ya existentes es mucho más sencillo. No necesitas rehacer todo tu sistema; solo enchufas y listo.

Aislación de lógica de negocio

En tu parque, cada atracción sabe lo que tiene que hacer y lo hace bien, independientemente de cómo los visitantes lleguen a ella. En términos de software, **la lógica de negocio está aislada del mundo exterior**. El cómo manejas los datos y lógica interna no depende de cómo llegues a ellos, lo que te permite cambiar interfaces externas sin afectar la lógica interna.

Mantenibilidad

Es mucho más fácil mantener una atracción específica del parque sin afectar al resto. En un sistema hexagonal, debido a su alta desacoplamiento, **las modificaciones son más seguras y menos propensas a causar errores en otras partes del sistema**. Además, es mucho más fácil añadir tests y probar partes del sistema de forma aislada.

Desventajas de la Arquitectura Hexagonal

Complejidad inicial

Imagínate planificar y construir un parque de atracciones desde cero. No es tarea fácil. **Al igual, diseñar una Arquitectura Hexagonal puede ser inicialmente complejo**. Requiere una planificación cuidadosa y una buena comprensión de los conceptos de diseño.

Mayor esfuerzo de desarrollo inicialmente

En tu parque, cada atracción requiere una infraestructura específica. En una Arquitectura Hexagonal, el esfuerzo inicial de desarrollo es mayor porque necesitas definir las interfaces y las dependencias de manera correcta. Puede parecer un poco más trabajo al principio, pero vale la pena a largo plazo.

Overhead en comunicación

Al tener cada componente aislado, la comunicación entre ellos puede requerir un manejo adicional. **Cada atracción en el parque necesita senderos que la conecten con las demás y que sean eficientes y claros.** En el software, esto significa que necesitas un buen manejo de la comunicación entre los módulos para que todo funcione armoniosamente.

¿Cuándo es adecuado usar una Arquitectura Hexagonal?

Entonces, ¿en qué situaciones esta arquitectura es tu mejor amigo? Aquí hay algunos escenarios donde realmente brilla:

Proyectos a largo plazo

Si estás trabajando en un proyecto cuya vida útil anticipas que será muy larga, **una Arquitectura Hexagonal puede ahorrar muchos dolores de cabeza a futuro**. La modularidad y mantenibilidad se vuelven cruciales en proyectos donde se esperan múltiples iteraciones y evoluciones.

Aplicaciones empresariales

Para aplicaciones empresariales donde **la robustez y la escalabilidad son absolutamente cruciales**, esta arquitectura puede ser una bendición. Permite abordar los cambios y las expansiones de manera más controlada.

Sistemas con múltiples canales de entrada y salida

Imagina que tu parque recibe visitantes no solo a pie, sino también en coche, en globo aerostático y en submarino. **Si tu sistema tiene múltiples interfaces de entrada y salida**, como APIs web, interfaces de usuario, cron jobs, entre otros, la Arquitectura Hexagonal se encarga de que todas esas interfaces puedan cambiarse o mejorarse sin tocar la lógica central.

Conclusión

En resumen, la Arquitectura Hexagonal es como ese parque de atracciones bien planeado, donde cada atracción tiene su propio espacio, autonomía y mantenimiento, pero todas están conectadas para ofrecer una experiencia cohesiva. **Te da flexibilidad, modularidad y una gran capacidad de adaptación a largo plazo**. Al igual que con cualquier otra arquitectura, necesita ser considerada en contexto para asegurarse de que es realmente el mejor enfoque para nuestro proyecto.

5.7. Diseño basado en componentes

Imagina que estás construyendo un robot ensamblable. Tienes diferentes piezas: brazos, piernas, cabeza, sensores, motores, y cada pieza tiene una función específica. Puedes ensamblar y desensamblar estas piezas para crear diferentes robots con diferentes habilidades. Este enfoque modular te permite reutilizar las mismas piezas para diferentes propósitos. Así es como funciona el **Diseño Basado en Componentes (CBD, por sus siglas en inglés)** en el desarrollo de software.

¿Qué es el diseño basado en componentes?

En un **Diseño Basado en Componentes**, el sistema se descompone en **componentes independientes y reutilizables**. Cada componente es una unidad de funcionalidad encapsulada que puede ser desarrollada, probada, desplegada y mantenida de manera autónoma.

Principios del diseño basado en componentes

Encapsulación

Volviendo a nuestro robot, cada pieza del robot tiene su propia complejidad interna, pero cuando la ensamblas, solo te importa qué hace, no cómo lo hace. **La encapsulación se trata de ocultar la implementación interna de un componente y exponer solo lo necesario** a otros componentes. Esto reduce la complejidad y las dependencias entre los diferentes módulos del sistema.

Separación de preocupaciones

Imagina que tienes un brazo robótico especializado en recoger objetos y otro en medir sus dimensiones. Estos dos brazos no deberían interferir entre sí, aunque trabajen juntos. **La separación de preocupaciones** se refiere a dividir según las diferentes responsabilidades, asegurando que cada componente tenga una función claramente definida y no trate de hacer demasiado.

Reutilización

Si construyes 10 robots, no quieres construir 10 brazos diferentes. De manera similar, en CBD, un componente diseñado para ser reutilizable **reduce el costo**

y tiempo de desarrollo. Puedes utilizar el mismo carrito de compras en diferentes proyectos de e-commerce, por ejemplo.

Cómo descomponer el sistema en componentes

Identificación de funcionalidades clave

Empieza por identificar las funcionalidades clave de tu sistema. ¿Qué hace tu aplicación? ¿Cuáles son sus módulos principales? En un e-commerce, podrías tener componentes para **autenticación, carrito de compras, gestión de inventario** y **procesamiento de pagos**.

Definición de interfaces

Una vez que tienes identificados tus componentes, necesitas definir **cómo van a interactuar entre sí**. Esto se hace a través de interfaces claramente definidas que especifican cómo otros componentes pueden comunicarse con ese componente.

Descomposición iterativa

La descomposición es un proceso iterativo. Inicialmente, puedes tener componentes grandes y generales, pero a medida que evoluciona el sistema, puedes **refinar y subdividir** estos componentes en otros más pequeños y especializados. Esta mejora continua permite adaptarse a nuevos requerimientos sin grandes reestructuraciones.

Beneficios del diseño basado en componentes

Mantenibilidad

Cuando cada funcionalidad está encapsulada en un componente independiente, **hacer cambios o solucionar problemas se vuelve más sencillo**. No necesitas preocuparte por impactos colaterales en otras partes del sistema.

Escalabilidad

Al igual que nuestras piezas de robot pueden ser replicadas para crear más robots, estos componentes **pueden ser escalados de manera independiente**. Si el componente de procesamiento de pagos necesita manejar más transacciones, puedes escalarlo sin afectar el carrito de compras o la gestión de inventario.

Facilidad de pruebas

Puedes probar cada componente de manera aislada antes de integrarlo con el resto del sistema. **Las pruebas unitarias son más efectivas** porque están enfocadas en una pequeña parte del sistema, haciendo más sencillo detectar errores.

Flexibilidad y adaptabilidad

La división en componentes permite **adaptarse rápidamente a nuevos requerimientos o cambios en el entorno**. Si necesitas cambiar el motor del robot, solo cambias ese componente sin afectar el resto del sistema.

Ejemplos de CBD en la vida real

Desarrollo Web con componentes

En el desarrollo web moderno, frameworks como React y Vue.js se basan en la idea de componentes. Cada componente representa una parte de la interfaz de usuario (UI) que puede ser **reutilizada e integrada** con otros componentes.

Sistemas empresariales

En sistemas empresariales más grandes, como en CRM o ERP, puedes tener componentes para **gestión de usuarios, inventarios, gestión de proyectos y reportes**. Cada uno de estos módulos puede ser desplegado y actualizado de manera independiente.

Microservicios y SOA

Las arquitecturas de microservicios y SOA utilizan principios de diseño basados en componentes. Aunque cada "servicio" realiza una función específica, en el fondo **siguen los principios de encapsulación, reutilización y separación de preocupaciones**.

Cómo implementar CBD de manera efectiva

Definir claramente las interfaces

Asegúrate de que cada componente tiene una **interfaz bien definida que especifique cómo se comunica con otros componentes**. Esto incluye parámetros, tipos de datos y excepciones que puede lanzar.

Emplear herramientas de gestión de dependencias

Usa herramientas modernas para manejar las **dependencias entre componentes** y asegurar que cada componente puede ser actualizado sin romper el resto del sistema. Por ejemplo, en proyectos de desarrollo de software, puedes usar herramientas como Maven o npm.

Priorizar la documentación

Documenta no solo qué hace cada componente, sino también **cómo interactúa con otros componentes**. Esto facilita futuras integraciones, mantenimientos y escalabilidad.

Automatizar las pruebas

Implementa **pruebas automatizadas** para cada componente. Esto incluye pruebas unitarias que evalúan la funcionalidad interna del componente y pruebas de integración que aseguran que los componentes funcionan correctamente cuando se unen.

Conclusión

El **Diseño Basado en Componentes** ofrece una manera poderosa de descomponer sistemas complejos en partes manejables y reutilizables. Aplicando principios de **encapsulación** y **separación de preocupaciones**, podemos construir sistemas que son no solo más fáciles de mantener y escalar, sino también más flexibles y adaptables a futuros cambios.

6. Diseño de Software robusto y escalable

6.1. ¿Qué es la escalabilidad?

La escalabilidad en sistemas es una característica fundamental que asegura que una aplicación pueda manejar el incremento de la carga de trabajo eficientemente y sin comprometer el rendimiento y la estabilidad del sistema. Esta capacidad es esencial para aplicaciones que anticipan un crecimiento significativo en la base de usuarios, una expansión geográfica, o un aumento en el volumen de datos procesados.

El reto de la escalabilidad es diseñar sistemas que no solo soporten el crecimiento esperado sino que también se adapten a picos inesperados en el uso. Sin una planificación adecuada, los sistemas pueden enfrentar cuellos de botella, tiempos de respuesta lentos y, en casos extremos, fallas críticas. Por lo tanto, es crucial considerar la escalabilidad desde la fase inicial del diseño del software para evitar problemas complicados y costosos en el futuro.

Escalabilidad vertical

La escalabilidad vertical involucra mejorar la capacidad de un servidor individual mediante la adición de más recursos como CPU, memoria o almacenamiento. Esto es conocido comúnmente como "escalar hacia arriba".

Ventajas:
- **Menor complejidad técnica**: Mantener un solo servidor hace que la administración sea más sencilla y no es necesario modificar el diseño del sistema ni el código existente.
- **Rápida implementación**: La mejora de los recursos de un servidor puede realizarse relativamente rápido.

Desventajas:
- **Límite físico**: Cada servidor tiene un límite máximo de recursos. No se puede escalar indefinidamente.
- **Costos crecientes**: A medida que aumenta la demanda de recursos más potentes, los costos pueden aumentar de manera exponencial. Para entender esto, imagina un coche al que se le sigue mejorando el motor y la carrocería. Al principio, pequeñas mejoras son relativamente

económicas, pero agregar características avanzadas eventualmente se vuelve muy costoso.

Ejemplo:

Imagina que gestionas una tienda en línea que comienza a recibir más visitas de las esperadas. Inicialmente, para manejar el aumento del tráfico, decides mejorar tu servidor de 8 GB de RAM a 16 GB y luego a 32 GB. Aunque estas mejoras son relativamente simples, a medida que sigues escalando te encontrarás con el límite de RAM que permite la placa base. Eso te obligará a saltar a servidores con placas base más avanzadas (y considerablemente más caras). Si sigues escalando, puedes llegar a la situación en la que no necesitas un servidor sino un supercomputador (y créeme, no son asequibles ;))

Escalabilidad horizontal

La escalabilidad horizontal implica añadir más servidores para compartir la carga de trabajo. Este enfoque se conoce como "escalar hacia afuera". En lugar de mejorar un único servidor, agregas más servidores que trabajan en paralelo para manejar la carga.

Ventajas:
- **Capacidad de expansión teóricamente ilimitada**: Puedes seguir añadiendo servidores según sea necesario.
- **Redundancia y alta disponibilidad**: Si un servidor falla, otros pueden asumir la carga, asegurando la disponibilidad del servicio.
- **Costos distribuidos**: Añadir varios servidores puede resultar más económico que adquirir un servidor extremadamente potente.

Desventajas:
- **Mayor complejidad técnica**: Requiere cambios en el diseño del sistema y en la manera en que las aplicaciones manejan las tareas distribuidas.
- **Condiciones de carrera y concurrencia**: La distribución de tareas entre múltiples servidores introduce problemas de concurrencia, como condiciones de carrera, que deben ser gestionados cuidadosamente.
- **Problemas de conexión y sincronización**: Asegurar que todos los nodos estén sincronizados y conectados puede ser complicado. Existe el riesgo de cuellos de botella si un nodo específico se sobrecarga.
- **Cuellos de botella potenciales**: Algunos servicios (por ejemplo las bases de datos) pueden convertirse en puntos críticos si no se distribuyen adecuadamente.

Ejemplo:

Piensa en un servicio de streaming de video. A medida que la cantidad de usuarios aumenta, en lugar de mejorar tu servidor único (que ya está al máximo de su capacidad), decides agregar más servidores. De esta manera, diferentes servidores pueden manejar diferentes usuarios simultáneamente. Sin embargo, coordinar la reproducción de videos, mantener la sincronización de los datos de usuarios y asegurar que no haya puntos de fallo únicos se vuelve técnicamente más complejo.

6.2. Técnicas para escalar

Sharding

Sharding es una técnica que divide una base de datos en partes más pequeñas llamadas "shards", que se distribuyen entre varios servidores. Cada shard contiene una porción del conjunto de datos completo, lo que facilita la gestión y el acceso eficiente a grandes volúmenes de datos.

Beneficios:
- **Gestión eficiente de grandes volúmenes de datos**: Los datos se dividen y distribuyen, haciéndolo más manejable.
- **Escalabilidad horizontal**: Cada shard puede residir en un servidor diferente, permitiendo la adición de más shards según sea necesario.

Desafíos:
- **Diseño de la estrategia de sharding**: Elegir cómo dividir los datos (por ejemplo, por rango, por hash) puede ser complejo y requiere un análisis cuidadoso.
- **Reequilibrio y redistribución**: A medida que los datos crecen, puede ser necesario reequilibrar y redistribuir los shards, lo que puede ser una operación costosa.

Caching

El caching implica almacenar temporalmente datos frecuentemente accedidos en una memoria de acceso rápido, como la RAM. Esto mejora los tiempos de respuesta y reduce la carga en los sistemas de almacenamiento principales.

Beneficios:
- **Mejora del rendimiento**: Los datos almacenados en caché se pueden acceder mucho más rápido que desde almacenamiento persistente.
- **Reducción de la carga**: Disminuye la cantidad de solicitudes que llegan a la base de datos principal.

Desafíos:

- **Consistencia**: Asegurar que los datos en caché están actualizados con los datos en la base principal requiere mecanismos de invalidación y actualización.
- **Política de caché**: Definir qué datos deben ser cacheados y por cuánto tiempo puede ser complejo y requiere ajustes según la carga y el uso del sistema.

Load Balancing

El balanceo de carga distribuye el tráfico de usuarios de manera uniforme entre varios servidores. Esto asegura que ningún servidor se sature y todos trabajen de manera eficiente.

Beneficios:

- **Distribución eficiente del trabajo**: Evita que cualquier servidor se vea abrumado por la carga de trabajo.
- **Falla controlada**: Si un servidor falla, el tráfico se puede redirigir a otros servidores operativos.

Desafíos:

- **Configuración inicial**: Configurar balanceadores de carga puede requerir una planificación cuidadosa.
- **Monitorización continua**: Es crucial monitorear y ajustar los balanceadores de carga para asegurar una distribución eficiente del tráfico.

Replicación

La replicación implica tener múltiples copias de datos en diferentes servidores. Esta técnica aumenta la disponibilidad y la tolerancia a fallos.

Beneficios:

- **Alta disponibilidad**: Si un servidor falla, otro servidor con una copia idéntica puede asumir sus funciones.
- **Escalabilidad de lectura**: Las lecturas se pueden distribuir entre múltiples réplicas, mejorando el rendimiento.

Desafíos:

- **Consistencia**: Mantener la consistencia de datos replicados puede ser complicado y es crucial para asegurar que todos los nodos tienen la misma información.

- **Sincronización de datos**: Asegurar que las réplicas estén actualizadas y sean consistentes requiere estrategias complejas de sincronización y verificación.

Microservicios

Adoptar una arquitectura de microservicios permite dividir una aplicación en pequeños servicios independientes que pueden desarrollarse, desplegarse y escalarse de manera individual. Cada microservicio es responsable de una funcionalidad específica y se comunica con otros a través de interfaces bien definidas.

Beneficios:
- **Desarrollo independiente**: Los equipos pueden desarrollar, desplegar y escalar servicios de forma independiente.
- **Flexibilidad y adaptabilidad**: Puedes actualizar o escalar partes específicas de la aplicación sin afectar al sistema completo.

Desafíos:
- **Gestión de la comunicación entre microservicios**: Asegurar una comunicación eficiente y confiable entre microservicios puede ser complejo y requiere herramientas específicas (mensajería, API gateways).
- **Monitoreo y depuración**: Con muchos servicios independientes, monitorear y depurar el sistema completo puede ser más complicado.

6.3. Disponibilidad y tolerancia a fallos

La disponibilidad y la tolerancia a fallos son pilares fundamentales en el diseño de sistemas robustos y confiables. En un mundo ideal, los sistemas estarían siempre disponibles y funcionarían sin interrupciones. Sin embargo, en la práctica, los fallos son inevitables debido a múltiples factores como errores de hardware, fallos en la red, problemas de software, o incluso desastres naturales. Diseñar sistemas que no solo minimicen los tiempos de inactividad sino que también se recuperen de fallos de manera eficaz es esencial para garantizar una experiencia de usuario continua y fiable.

Identificación de puntos críticos

El primer paso en la creación de un sistema tolerante a fallos es identificar los puntos críticos de falla. Estos pueden ser componentes que, si fallan, podrían causar una interrupción significativa en el servicio. Por ejemplo, un servidor de base de datos central puede ser un punto crítico si no tiene respaldo o réplica.

Redundancia

La redundancia implica tener componentes adicionales que tomen el relevo en caso de que uno falle. Esto puede aplicarse a diferentes niveles del sistema: hardware, software, red, y datos. Algunos ejemplos pueden ser:

Servidores Redundantes: Tener múltiples servidores que ejecuten los mismos servicios. Si uno falla, otro puede asumir la carga.

Almacenamiento Redundante: Utilizar RAID (Redundant Array of Independent Disks) para asegurar que los datos se conserven incluso si uno de los discos falla.

Energía Redundante: Usar sistemas de alimentación ininterrumpida (UPS) y generadores para asegurar que los servidores continúen funcionando durante cortes de energía.

Normalmente desplegarás tus servicios en un proveedor de cloud (como AWS, Azure o GCP) que ya gestionará por ti el almacenamiento y la energía redundante. No obstante, para poder tener servidores redundantes, tu diseño tiene que estar preparado para escalar horizontalmente.

Tipos de redundancia

Podemos hablar de dos tipos de redundancia, dependiendo de si lo queremos solo por estabilidad (mejor nuestro SLA) o si aprovechamos para mejorar nuestro rendimiento.

Redundancia Activa-Pasiva: Solo una instancia principal está en funcionamiento mientras que las réplicas permanecen en espera hasta que sean necesarias. Si se produce un fallo en la instancia principal, se conmuta a una secundaria sin que el usuario note ningún cambio. **Redundancia Activa-Activa**: Todas las instancias redundantes están en funcionamiento simultáneamente, distribuyendo la carga de trabajo y proporcionando tolerancia a fallos al instante. Si una instancia falla, los usuarios que estaban conectados se conectan automaticamente a otra instancia disponible.

La redundancia Activa-Activa tiene la ventaja de que utilizamos todos los recursos disponibles para mejorar el rendimiento de nuestra aplicación, en lugar de tener recursos reservados que solo se usan si hay un error. Sin embargo, algunas cargas de trabajo (como las bases de datos) son complicadas de gestionar con una redundancia Activa-Activa, porque el paralelismo implícito de esta solución puede provocar complejos retos de integridad de los datos.

Es por ello que, normalmente, se utiliza Redundancia Activa-Activa para servidores y procesos de usuario, pero la mayoría de las bases de datos usan una estrategia híbrida basada en un maestro y N esclavos, donde el maestro es el único que escribe pero los esclavos pueden leer de forma paralela.

Ejemplo: Sistema de pagos en línea

Imagina un sistema de pagos en línea que debe estar disponible las 24 horas del día. Implementar redundancia activa-activa significa que múltiples servidores de pagos operan al mismo tiempo, compartiendo la carga y proporcionando backup inmediato en caso de fallo de uno de ellos. En cambio, con redundancia activa-pasiva, hay un servidor principal que maneja todas las transacciones y otros servidores en espera listos para asumir el control si el servidor principal falla.

Mantenimiento proactivo

Implementar prácticas de monitoreo y mantenimiento proactivo para detectar y resolver problemas antes de que se conviertan en fallos catastróficos.

Monitoreo con Herramientas Automáticas: Usar herramientas como Prometheus, Datadog, o New Relic para monitorear el estado de los componentes del sistema.
Alertas y Notificaciones: Configurar alertas para situaciones anormales que podrían indicar un fallo inminente.
Pruebas de Estrés y Fallo: Realizar pruebas regulares para asegurar que los sistemas pueden manejar picos de carga y que los mecanismos de tolerancia a fallos funcionan correctamente.

Estrategias de recuperación

Imagínate que tu software es un coche deportivo de lujo. Va a alta velocidad, luciendo espectacular, pero ¿qué pasa si una llanta se pincha en medio de la autopista? Sin una estrategia de recuperación, nuestro coche se queda varado, convirtiendo un viaje emocionante en una pesadilla. En el diseño de software, las estrategias de recuperación son ese "kit de emergencia" que nos permite manejar los inevitables fallos. Ya sea un fallo en un servicio externo, una conexión interrumpida o un simple error de usuario, estas estrategias garantizan que nuestro software no solo sobreviva, sino que se recupere y continúe funcionando. Implementar estas estrategias desde el principio asegura una experiencia fluida, minimiza el impacto para el usuario y evita la acumulación de deuda técnica.

Una buena estrategia de recuperación debería contener:

Backups Regulares: Realizar copias de seguridad de datos periódicamente para asegurar que se puedan restaurar en caso de una pérdida de datos.
Plan de Recuperación de Desastres: Tener un plan documentado que detalle los pasos necesarios para recuperar el sistema en caso de un fallo catastrófico.
Simulacros de Fallo: Realizar simulacros de fallos para entrenar al equipo y

asegurar que todos conozcan el plan de recuperación y puedan ejecutarlo eficazmente.

6.4. Seguridad en el Diseño de Software

El diseño de software seguro no es solo una ventaja adicional, es una necesidad esencial. La seguridad debe estar en la vanguardia durante toda la fase de diseño, ya que una vez que el software está en producción, rectificar problemas de seguridad puede ser costoso y complejo. En este capítulo, exploraremos los principios fundamentales de seguridad, como la autenticación, autorización, cifrado, validación de entrada y mitigación de ataques comunes.

Autenticación

La autenticación es el proceso de verificar la identidad de un usuario que intenta acceder a un sistema. Piensa en ello como un guardia de seguridad verificando la identidad de alguien antes de permitirle entrar en un edificio.

Implementación de autenticación

1. **Contraseñas Fuertes**: Requiere que los usuarios utilicen contraseñas complejas, con una combinación de letras, números y caracteres especiales.
2. **Autenticación Multifactor (MFA)**: Agrega una capa adicional de seguridad solicitando múltiples formas de verificación, como un código enviado por SMS además de la contraseña.
3. **Gestión de Sesiones Seguras**: Asegúrate de invalidar las sesiones después de un período de inactividad y cumple con los tiempos de expiración para las cookies de sesión.

Ejemplo:

Imagina un sistema bancario en línea que utiliza MFA. Un usuario debe ingresar su contraseña y, además, un código enviado a su teléfono móvil para poder acceder a su cuenta. Esta doble verificación asegura que incluso si la contraseña se ve comprometida, el atacante también necesitaría acceso al teléfono del usuario.

Autorización

La autorización determina lo que un usuario autenticado puede hacer en el sistema. Es como tener diferentes niveles de acceso en un edificio: algunos pueden entrar solo al vestíbulo, mientras que otros tienen acceso a todos los pisos.

Implementación de autorización
1. **Roles y Permisos**: Define roles claros y asigna permisos específicos a cada rol. Esto facilita la gestión de acceso.
2. **Principio de Menor Privilegio**: Otorga el nivel mínimo de acceso necesario para que un usuario realice sus tareas. Esto limita el daño potencial en caso de que una cuenta sea comprometida.

Ejemplo:

Piensa en un sistema de gestión de proyectos donde solo los administradores pueden crear y eliminar proyectos, los líderes de equipo pueden asignar tareas, y los miembros del equipo solo pueden ver y actualizar sus propias tareas. Este esquema minimiza riesgos al restringir quién puede hacer qué.

Cifrado

El cifrado protege los datos transformándolos en un formato ilegible para cualquier persona que no tenga la clave adecuada. Esto garantiza la confidencialidad y la integridad de los datos tanto en tránsito como en reposo.

Tipos de cifrado
1. **Cifrado Simétrico**: Usa la misma clave para cifrar y descifrar datos. Es rápido pero requiere un intercambio seguro de la clave.
2. **Cifrado Asimétrico**: Usa un par de claves, una pública para cifrar y otra privada para descifrar. Aunque más lento, es ideal para intercambiar datos de manera segura.

Ejemplo:

En las transacciones de e-commerce, cuando un usuario ingresa los datos de su tarjeta de crédito, esos datos se cifran utilizando HTTPS (cifrado asimétrico). Esto asegura que la información es segura mientras se transmite desde el navegador del usuario al servidor del comercio.

Validación de entrada

La validación de entrada implica verificar y limpiar todos los datos proporcionados por el usuario para evitar inyecciones maliciosas y otros ataques. Es como filtrar el contenido de una carta antes de recibirla para asegurarse de que no contiene amenazas.

Buenas prácticas

1. **Validación en el Lado del Servidor y del Cliente**: Realiza validaciones tanto en el cliente (para mejorar la experiencia del usuario) como en el servidor (para mayor seguridad).
2. **Uso de Listas Blancas**: Permitir solo caracteres y formatos específicos en lugar de intentar bloquear caracteres peligrosos.
3. **Sanitización de Datos**: Limpia los datos de entrada para eliminar o modificar elementos que puedan ser peligrosos.

Ejemplo:

En un formulario de login, en lugar de simplemente bloquear caracteres especiales por considerarlos potencialmente peligrosos, se pueden permitir únicamente caracteres alfanuméricos y de puntuación usando una lista blanca. Además, se pueden aplicar reglas de longitud y formato para asegurarse de que los datos de entrada son adecuados y no dañinos.

6.5. Mitigación de ataques comunes

Algunos ataques son tan comunes que todo desarrollador debe estar preparado para enfrentarlos. Aquí expongo algunos de los más frecuentes y cómo mitigar sus riesgos, pero es un tema que daría para un libro entero.

Inyección SQL

Descripción: Un atacante puede insertar SQL malicioso en una consulta para manipular la base de datos.
Defensa: Usa consultas preparadas y ORM (Object Relational Mapping) que hacen más difícil la inyección de código malicioso.

Cross-Site Scripting (XSS)

Descripción: Un atacante inyecta scripts maliciosos en páginas web vistas por otros usuarios.
Defensa: Escapa y valida todas las entradas del usuario; implementa Content Security Policy (CSP).

Cross-Site Request Forgery (CSRF)

Descripción: Un atacante induce al usuario a ejecutar acciones no deseadas en una aplicación en la que está autenticado.

Defensa: Usa tokens CSRF para verificar la autenticidad de las solicitudes y asegura que solo puedan provenir de fuentes verificadas.

Ataques de fuerza bruta

Descripción: Un atacante intenta múltiple combinaciones de contraseñas para obtener acceso.
Defensa: Implementa bloqueo de cuentas después de varios intentos fallidos e introduce tiempos de espera entre intentos de login.

6.6. Desempeño y optimización del Software

El desempeño del software es un factor crítico que puede determinar su éxito o fracaso. Un sistema con tiempos de respuesta lentos o que no puede manejar adecuadamente las cargas puede frustrar a los usuarios y afectar negativamente a la reputación de tu producto. La optimización del software no solo mejora la eficiencia operativa, sino que también contribuye a reducir costos y mejorar la experiencia del usuario. En este capítulo, exploraremos técnicas para identificar y resolver cuellos de botella, además de cómo optimizar tu código y diseñar algoritmos eficientes.

Monitorización y perfilado

Para mejorar el rendimiento, primero debes identificar dónde están los problemas. La monitorización y el perfilado te ayudan a encontrar los cuellos de botella en tu aplicación.

Herramientas de monitorización

1. **Prometheus y Grafana**: Estas herramientas permiten recolectar y visualizar métricas de rendimiento en tiempo real. Puedes configurar alertas para cuando ciertos umbrales sean alcanzados.
2. **New Relic y Datadog**: Ofrecen servicios de monitorización y perfiles detallados que pueden ayudar a identificar cuellos de botella y a realizar un análisis profundo del rendimiento.

Técnicas de perfilado (Profiling)

El perfilado te ayuda a entender qué partes de tu código consumen más recursos. Herramientas como **VisualVM**, JProfiler, **y el** profiler de Python (cProfile)** son útiles para identificar funciones y métodos que ralentizan tu aplicación.

Análisis de logs y trazas

Los logs y trazas son una fuente invaluable de información para identificar problemas de rendimiento. Revisa los logs en busca de patrones recurrentes de errores y latencias. Herramientas como **ELK Stack (Elasticsearch, Logstash, Kibana)** pueden ayudarte a centralizar y analizar tus logs.

Pruebas de carga

Realiza pruebas de carga para simular el comportamiento del sistema bajo condiciones de uso extremo.

6.7. Resolución de cuellos de botella

Análisis de rutas críticas

Una vez identificados los cuellos de botella, es crucial analizar las rutas críticas del sistema. Pregúntate: ¿Qué componentes son insustituibles para la operación principal? ¿Dónde pasan la mayor parte del tiempo las solicitudes?

Optimización de base de datos

1. **Índices**: Asegúrate de que las consultas más frecuentes están respaldadas por los índices correctos. Un buen índice puede reducir drásticamente los tiempos de respuesta.
2. **Consultas Eficientes**: Revisa y optimiza tus consultas. Evita las consultas que requieren demasiados JOINs o subconsultas anidadas.
3. **Caching**: Implementa soluciones de caché como **Redis** o **Memcached** para almacenar respuestas de consultas frecuentes y reducir la carga en la base de datos.

Optimización del código

1. **Refactorización de Código**: Simplifica y clarifica el código. A veces, dividir un método complejo en varios más pequeños puede mejorar tanto la legibilidad como el rendimiento, o puede hacerte encontrar un cuello de botella que no habías detectado.

2. **Eliminación de Redundancias**: Elimina código redundante o innecesario. Cada línea de código adicional es un potencial punto de fallo y puede ralentizar la ejecución general. Nunca estarás del todo seguro de que un código no se usa hasta que lo elimines
3. **Uso Eficiente de Recursos**: Asegúrate de que los recursos como memoria y CPU se utilizan de manera óptima. Por ejemplo, libera memoria que ya no es necesaria y controla el uso de hilos y procesos para evitar sobrecargas.

Optimización de algoritmos

Diseñar algoritmos eficientes es clave para el rendimiento del software, especialmente en aplicaciones intensivas en datos.

Complejidad temporal y espacial

Al diseñar un algoritmo, ten en cuenta tanto la complejidad temporal (tiempo de ejecución) como la complejidad espacial (uso de memoria). Un algoritmo con menor complejidad temporal es generalmente preferible, pero no a expensas de un uso excesivo de memoria y viceversa. El tipo de algoritmo que uses puede determinar también las características de la maquina donde se ejecutará el código y la forma de escalar (¿cuanta RAM necesito por cada core de procesamiento?)

Ejemplo:

Supongamos que tienes que buscar un elemento en una lista. La búsqueda lineal tiene una complejidad de $O(n)$, lo que significa que el tiempo de búsqueda crece linealmente con el tamaño de la lista. Sin embargo, una búsqueda binaria tiene una complejidad de $O(\log n)$, lo que es significativamente más rápido para listas grandes. Sin embargo, para usar una búsqueda binaria, primero necesitamos ordenar la lista (lo cual, seguramente, tendrá un coste $O(n\log n)$).

En este caso, si solo necesitamos buscar un elemento en la lista, la solución lineal será más eficiente (ya que no necesitamos ordenar la lista), pero si necesitamos hacer muchas busquedas en la misma lista, el coste inicial de ordenarla se compensará con creces en las búsquedas.

Siempre que sea posible, opta por algoritmos que optimicen las operaciones más habituales. Recuerda que no hay algoritmos genéricos que sean los ideales para todas las situaciones.

Optimización de E/S (Entrada/Salida)

La entrada y salida de datos pueden convertirse en cuellos de botella si no se gestionan adecuadamente.

Buenas prácticas
1. **Buffering**: Usa técnicas de buffering para reducir la cantidad de operaciones de E/S. En lugar de escribir datos frecuentemente, agrúpalos y escríbelos de una vez.
2. **E/S Asíncrona**: Implementa E/S asíncrona para mejorar la capacidad de respuesta del sistema y permitir que otros procesos continúen ejecutándose durante las operaciones de E/S.
3. **Compresión de Datos**: Comprimir datos antes de enviarlos a través de la red puede reducir significativamente el tiempo de transferencia, aunque debe balancearse con el tiempo de compresión y descompresión.

7. La calidad en el software

7.1. Introducción a la calidad del software

¿Qué es la calidad del software? En pocas palabras, es el grado en que un software cumple con los requisitos y expectativas que se le han impuesto, tanto funcionales como no funcionales. Si tu aplicación falla constantemente, es lenta como un caracol o es un dolor de cabeza mantenerla, entonces no está cumpliendo con esos estándares de calidad.

Imagina esto: construyes una casa que parece increíble desde fuera, pero cuando abres la puerta principal, te encuentras con fugas de agua, pisos desnivelados y una estructura tan frágil que podría derrumbarse con un soplo de viento. ¿Le recomendarías esa casa a alguien? Lo mismo pasa con el software. Una aplicación puede ser atractiva y con muchas funcionalidades, pero si no es robusta, mantenible y eficiente, inevitablemente fallará.

Por tanto, cuando hablamos de calidad del software, estamos hablando de lo mismo que hemos venido hablando en el resto del libro: Un buen diseño de software

Importancia de los estándares internacionales

Los estándares, como el ISO 25010, son como las reglas del juego para la calidad del software. ¿Qué es ISO 25010? Básicamente, es una norma internacional aceptada que define una serie de características y sub-características que ayudan a medir la calidad de un producto software.

¿Por qué deberíamos preocuparnos por seguir estos estándares? Bueno, porque nos proporcionan una hoja de ruta clara y probada para desarrollar software de alta calidad. En lugar de inventar la rueda cada vez, podemos aprovechar estas guías para asegurarnos de que nuestro trabajo es sólido y confiable.

Analogía rápida: Piensa en los estándares internacionales como la receta de una abuela experimentada. Ella sabe que añadir una pizca de sal en cierto punto realza el sabor del platillo. Ignorarle, o improvisar demasiado, probablemente resultará en un desastre culinario. Los estándares son exactamente ese conocimiento destilado; nos dicen cuál es la " pizca de sal" que nuestro software necesita en cada momento.

A lo largo de mi carrera, he visto más código del que me gustaría admitir, y créanme, he visto de todo. Desde aplicaciones que se caen tan pronto como una docena de usuarios las tocan, hasta códigos tan enrevesados que parecen el laberinto del Minotauro. ¿Qué les faltaba? Calidad del software.

Práctica y aplicación

Implementar estándares como ISO 25010 no es algo que suceda por accidente. Requiere práctica, educación y, sobre todo, una actitud proactiva hacia la mejora constante. Tomar un enfoque sistemático para evaluar y mejorar la calidad puede significar la diferencia entre un proyecto exitoso y un desastre monumental.

No te preocupes, no voy a dejarte solo en este proceso. En las siguientes secciones, desglosaremos cada una de las características y sub-características que componen el estándar ISO 25010, con ejemplos claros y aplicables para que puedas incorporarlos en tu repertorio de habilidades.

7.2. La ISO/IEC 25010

Definición y propósito

Pero entonces, para que nos quede claro, ¿qué es la ISO/IEC 25010? En términos simples, es un estándar internacional que define un modelo para **evaluar la calidad de los productos de software**. Imagina que quieres construir una bicicleta. Necesitarías ciertos criterios para asegurarte de que la bicicleta sea confiable, segura y eficiente. La ISO/IEC 25010 hace algo similar, pero para el software. Define las características que un producto software debe tener para ser considerado de alta calidad.

El propósito de este estándar es proporcionar una base común para describir, medir y evaluar la calidad del software. Esto no solo ayuda a los desarrolladores a crear mejores productos, sino que también facilita la comunicación entre equipos, clientes y stakeholders. Es como tener un lenguaje común y universal para hablar de la calidad del software.

Importancia de un Modelo de Calidad para Productos de Software

¿Por qué es importante tener un modelo de calidad? Bueno, sin un modelo claro, es fácil perderse en el proceso de desarrollo. Podrías enfocarte demasiado en ciertos aspectos mientras descuidas otros. Un modelo de calidad proporciona una visión holística que te permite equilibrar diferentes dimensiones importantes.

Por ejemplo, podrías estar tan enfocado en la funcionalidad del software que descuides su usabilidad. O tal vez inviertas mucho en asegurar que el software sea eficiente, pero termines con un código difícil de mantener. Un modelo de calidad integral te ayuda a considerar todas estas facetas y más, asumiendo que, en la mayoría de los casos, existen tradeoffs entre ellas.

Estructura del Estándar

La estructura de la ISO/IEC 25010 se divide en dos grandes modelos (en los que entraremos con un poco más de detalle más adelante):

1. **Calidad del Producto**:
   - Aquí es donde se incluyen las características técnicas del software. El modelo define ocho características clave y sus respectivas sub-características:
     1. **Funcionalidad**: ¿El software hace lo que se supone que debe hacer?
     2. **Rendimiento y Eficiencia**: ¿Funciona rápido y usa los recursos de manera eficiente?
     3. **Compatibilidad**: ¿Funciona bien con otros sistemas y software?
     4. **Usabilidad**: ¿Es fácil de usar?
     5. **Fiabilidad**: ¿Es estable y libre de errores?
     6. **Seguridad**: ¿Protege la información y datos de usuarios?
     7. **Mantenibilidad**: ¿Es fácil de modificar y mejorar?
     8. **Portabilidad**: ¿Puede ser usado en diferentes entornos?
2. **Calidad en Uso**:
   - Este modelo se enfoca en la interacción del usuario final con el software y consta de cinco características:
     1. **Eficacia**: ¿Permite a los usuarios alcanzar sus objetivos?
     2. **Eficiencia**: ¿Usa recursos de manera optimizada mientras los usuarios alcanzan sus objetivos?
     3. **Satisfacción**: ¿Están los usuarios contentos con el software?
     4. **Seguridad**: ¿El software protege adecuadamente al usuario mientras lo usa?
     5. **Productividad**: ¿Mejora la productividad del usuario?

Relevancia en la Industria

Entonces, ¿por qué las empresas eligen seguir el estándar ISO/IEC 25010? Aquí van algunas razones de peso:

1. **Consistencia y Calidad**: Estándares como ISO/IEC 25010 proporcionan una guía clara para desarrollar productos de alta calidad consistentemente. Esto no solo mejora la reputación de la empresa, sino que también reduce los costes asociados con la corrección de errores y reparaciones post-lanzamiento.
2. **Comunicación Eficaz**: Un estándar común facilita la comunicación entre todos los interesados. Equipos multidisciplinarios, desde desarrolladores hasta testers y gerentes de proyectos, pueden hablar el mismo idioma cuando se trata de calidad del software.
3. **Satisfacción del Cliente**: Un software de alta calidad naturalmente lleva a usuarios más satisfechos, lo que, a su vez, se traduce en retención de clientes y recomendaciones positivas.
4. **Ventaja Competitiva**: En un mercado saturado, la calidad del software puede ser un diferenciador clave. Al adherirse a estándares como ISO/IEC 25010, las empresas pueden destacar frente a la competencia.

Beneficios para Desarrolladores, Testers y Usuarios Finales

Para Desarrolladores:

- **Claridad y Guía**: Un estándar proporciona una guía clara sobre qué aspectos del software se deben priorizar.
- **Mantenibilidad**: Facilita la creación de un código más limpio y mantenible.

Para Testers:

- **Criterios de Evaluación**: Ofrece un conjunto claro de criterios contra los cuales evaluar el software.
- **Detectar Problemas Temprano**: Ayuda a identificar y solucionar problemas antes de que lleguen a los usuarios finales.

Para Usuarios Finales:

- **Confianza y Seguridad**: Los usuarios pueden confiar en que el software seguirá funcionando como se espera y protegerá sus datos.
- **Mejor Experiencia de Usuario**: Un software de alta calidad ofrece una experiencia de usuario más agradable y efectiva.

7.3. La calidad del producto

Vamos a adentrarnos en el Modelo de Calidad del Producto, que es la piedra angular para asegurar que tu software cumple con las expectativas y es sostenible a largo plazo. La calidad del producto se evalúa a través de varias dimensiones que cubren desde la funcionalidad hasta cómo el software se comporta bajo diversas condiciones. Este modelo se centra en ocho características clave que determinan la calidad técnica del software. Comprender y aplicar estas características puede ser la diferencia entre un producto desastroso y uno que deslumbra a sus usuarios. Así que, sin más preámbulos, vamos a desglosar cada una de estas características y sus subcaracterísticas.

Funcionalidad

La funcionalidad se refiere a la capacidad del software para cumplir con sus objetivos establecidos. Piensa en una navaja suiza: cada herramienta debe hacer su trabajo específico de manera efectiva.

- **Idoneidad funcional**: Esto se refiere a que las funcionalidades del software son las adecuadas para su propósito. Imagina que tienes un software de contabilidad; aquí la idoneidad funcional implica que puede registrar transacciones, generar reportes y calcular impuestos, entre otras cosas.

- **Integridad**: Todas las funciones necesarias deben estar presentes y trabajar en armonía. Es como construir una casa; no basta con tener paredes, también necesitas puertas, ventanas y un tejado, todos deben estar presentes y funcionar en conjunto.

- **Corrección**: Las funciones deben proporcionar resultados precisos. Volvamos al software de contabilidad; si calcula mal los impuestos, no está cumpliendo con su propósito, ¿verdad?

Fiabilidad

La fiabilidad nos dice cuán robusto y estable es el software. Como un coche que debes poder confiar que arrancará cada mañana.

- **Madurez**: Un software maduro tiene pocos errores, y esos errores no son críticos. Desgraciadamente, la madurez (como en la vida) suele ser una característica que se consigue con el tiempo.

- **Disponibilidad**: El software debe estar disponible para usarse cuando el usuario lo necesite. Piensa en un servicio de streaming que tiene que estar siempre listo para reproducir tus series favoritas.

- **Tolerancia a fallos**: Incluso si algo sale mal, el software debe poder manejar el fallo sin colapsar por completo. Un ascensor, por ejemplo, debería tener sistemas de seguridad que lo detengan suavemente en caso de corte eléctrico, en lugar de caer en picado.

- **Recuperabilidad**: Si el software falla, debe ser capaz de recuperarse sin perder datos cruciales. Por muy bien diseñado que esté un software, existen errores que escapan a nuestro control. Nuestra solución debe estar preparada para mitigar las consecuencias de esos errores (por ejemplo, usando backups o redundancia como hemos visto en capitulos anteriores)

Usabilidad

La usabilidad es crucial para garantizar que los usuarios puedan interactuar con el software sin problemas. Es como una silla ergonómica diseñada para que te sientas cómodo aunque pases largas horas sentado en ella.

- **Capacidad de aprenderse**: Los usuarios deberían poder aprender a usar el software rápidamente. Imagina una bicicleta nueva; debería ser lo suficientemente intuitivo aprender a manejarla sin un manual complejo.

- **Capacidad de ser comprendido**: La interfaz y las funcionalidades del software deben ser fáciles de entender. Piensa en los carteles en un aeropuerto internacional; deben ser claros y comprensibles, incluso si es la primera vez que visitas o si no conoces el idioma local.

- **Capacidad operativa**: La interacción del usuario con el software debe ser fluida y sin fricciones. Es como un cajero automático bien diseñado; debería ser fácil de usar incluso si nunca has visto ese modelo en particular. ¿Te imaginas tener que leer el manual de instrucciones del modelo de cajero?

- **Estética de la interfaz**: Una interfaz atractiva no solo es más agradable a la vista, sino que también puede hacer que el software sea más fácil de usar. Es como un restaurante con una decoración agradable; la experiencia general es mejor.

Eficiencia del Desempeño

La eficiencia del desempeño evalúa cómo el software utiliza los recursos disponibles y qué tan rápido puede realizar sus tareas. Es como un coche que, además de ser rápido, también consume combustible de manera eficiente.

- **Comportamiento temporal**: Se refiere al tiempo de respuesta y a los tiempos de procesamiento del software.

- **Utilización de recursos**: El software debe utilizar la memoria, la CPU y otros recursos de manera eficiente. Piensa en un coche híbrido que acomoda su consumo de gasolina y electricidad de manera balanceada y eficiente.

Compatibilidad

La compatibilidad se refiere a cómo el software puede trabajar junto a otros sistemas sin conflictos. Es como un cargador universal que funciona con diferentes dispositivos.

- **Coexistencia**: El software debería ser capaz de operar conjuntamente con otros sistemas sin causar conflictos.

- **Interoperabilidad**: El software debe ser capaz de intercambiar información con otras aplicaciones o sistemas. Imagina un sistema de transporte urbano donde autobuses, trenes y bicicletas compartidas pueden ser pagadas con la misma tarjeta de transporte; todos los sistemas deben interoperar para que esto funcione sin problemas.

Mantenibilidad

La mantenibilidad asegura que el software puede ser actualizado y modificado sin mucho esfuerzo. Es como un ordenador que es fácil de reparar y mejorar con el tiempo (aunque cada vez quedan menos).

- **Modularidad**: Esto significa que el software está organizado en módulos que pueden ser modificados de manera independiente. Es como una caja de herramientas organizada: cada herramienta tiene su lugar, lo que hace fácil encontrar y usar la que necesitas.

- **Reusabilidad**: Partes del software pueden ser reutilizables en otros contextos o proyectos. Piensa en piezas LEGO; puedes usarlas para construir un castillo hoy y un coche mañana.

- **Analizabilidad**: Es la facilidad con la cual puedes entender y examinar el código para detectar y resolver problemas. Es como tener un libro con un índice detallado que te permite encontrar rápidamente el capítulo que necesitas.

- **Modificabilidad**: La capacidad de cambiar y actualizar el software sin sacrificar calidad. Es como un traje hecho a medida que puede ser ajustado fácilmente si subes o bajas de peso.

Seguridad

La seguridad es uno de los aspectos más críticos del software, asegurando que los datos y transacciones se realicen de manera segura. Es el sistema de alarmas y cerraduras en tu casa.

- **Confidencialidad**: Los datos sensibles deben estar protegidos contra accesos no autorizados. Piensa en una caja fuerte donde guardas tus documentos más importantes y solo tú tienes la combinación.

- **Integridad**: Los datos no deben ser alterados sin autorización. Es como una carta sellada; si alguien la abre y vuelve a cerrarla, tú lo sabrás.

- **No repudio**: Se refiere a la capacidad de verificar que una transacción o acción fue realizada por una determinada persona. Es como un contrato firmado donde ambas partes pueden verificar la legitimidad del acuerdo.

- **Autenticidad**: La identidad de los usuarios y del software puede ser confirmada. Es como un carné de identidad que prueba quién eres.

- **Autorización**: Solo los usuarios autorizados pueden acceder a ciertas partes del software. Piensa en diferentes niveles de acceso en un hotel; los huéspedes tienen llave de sus habitaciones, pero no pueden entrar a la oficina del gerente.

Portabilidad

La portabilidad se refiere a la capacidad del software para ser transferido y funcionar en diferentes entornos. Es como un adaptador universal que te permite usar tus dispositivos electrónicos en cualquier parte del mundo.

- **Adaptabilidad**: El software debe poder adaptarse para funcionar en diferentes condiciones y plataformas. Piensa en un libro electrónico que puedes leer en tu computador, tablet y smartphone sin problemas.

- **Instalabilidad**: El proceso de instalación y desinstalación del software debe ser fácil y directo. Es como comprar y montar muebles de IKEA; debería ser un proceso sencillo si sigues las instrucciones.

- **Sustituibilidad**: El software debe poder ser reemplazado por otro similar sin mayores complicaciones. Es como cambiar una bombilla; debe ser una tarea sencilla y rápida.

7.4. La calidad del uso

Después de haber explorado el Modelo de Calidad del Producto, es tiempo de sumergirnos en el segundo componente del estándar ISO/IEC 25010: el Modelo de Calidad en Uso. Este modelo es crucial porque se centra en la experiencia del usuario y cómo interactúan con el software en su vida diaria. Si el Modelo de Calidad del Producto es el esqueleto y los órganos del cuerpo humano, el Modelo de Calidad en Uso es la piel y los sentidos: lo que ve, siente y experimenta el usuario.

El objetivo principal del Modelo de Calidad en Uso es evaluar cómo el software facilita la realización efectiva y eficiente de tareas, la satisfacción del usuario y su seguridad durante el uso. Este enfoque holístico no solo asegura un software funcional, sino un software que los usuarios realmente disfruten y confíen.

Las características de calidad en uso son fundamentales para garantizar que la interacción de los usuarios con el software sea efectiva, eficiente, satisfactoria y segura. Vamos a analizar cada una de estas características con ejemplos y analogías para facilitar su comprensión.

Efectividad

La efectividad mide si los usuarios pueden completar sus tareas y lograr sus objetivos utilizando el software. Piensa en la efectividad como un GPS que te guía correctamente hasta tu destino sin errores ni desvíos innecesarios.

En aplicaciones prácticas, imagina un sistema de registro en línea para una conferencia. La efectividad asegura que los usuarios puedan ingresar sus datos, seleccionar sus preferencias y confirmar su registro sin encontrarse con errores o pasos innecesarios. Si el software permite que los usuarios completen esta tarea sin complicaciones, entonces es efectivo.

Otro ejemplo concreto podría ser una aplicación de banca móvil. La efectividad en este caso garantiza que los usuarios puedan realizar transferencias, pagar facturas y verificar su saldo sin problemas. Si los usuarios no pueden consultar su saldo o hay errores cuando intentan hacer transferencias, la efectividad del software está comprometida.

Eficiencia

La eficiencia evalúa cómo el software utiliza los recursos del usuario para permitirle completar sus tareas de manera rápida y con el menor esfuerzo posible.

Volvamos a nuestro sistema de registro en línea. La eficiencia asegura que los usuarios puedan completar su registro en el menor tiempo posible con el mínimo de clicks y campos que rellenar. Si el usuario puede completar un formulario largo en pocos minutos gracias a una interfaz intuitiva y bien diseñada, estamos ante un software eficiente.

Un buen ejemplo es una aplicación de compra en línea. La eficiencia aquí se ve en la rapidez con la que los usuarios pueden encontrar productos, añadirlos al carrito y proceder al pago. Si la app tiene funciones como autocompletado y recomendaciones inteligentes, las tareas de los usuarios se realizan más rápido y con menos esfuerzo (lo cual mejora mucho las tasas de conversión).

Satisfacción

La satisfacción evalúa cuán agradable es para los usuarios interactuar con el software. Piensa en la satisfacción como una taza de café caliente en una mañana fría: no solo es útil, sino que también te hace sentir bien.

Aplicando esto a nuestro sistema de registro en línea, la satisfacción podría venir del hecho de que el sistema no solo es rápido y efectivo, sino que también es agradable de usar. Tal vez la interfaz sea estéticamente agradable, con colores suaves y una lógica de navegación sencilla. El software también podría incluir pequeños toques, como mensajes de confirmación amigables, que dejan a los usuarios con una sensación positiva.

Seguridad en uso

La seguridad en uso es una característica fundamental y mide cuán bien el software protege al usuario y sus datos mientras lo utiliza. Esto no se trata solo de la seguridad técnica, sino también de cómo el software da la sensación de seguridad al usuario. Piensa en la seguridad en uso como un banco sólido y confiable donde no solo tu dinero está seguro, sino que también te trasmite seguridad.

En nuestro ejemplo del sistema de registro en línea, la seguridad en uso aseguraría que los datos personales de los usuarios están protegidos durante todo el proceso de registro. Esto implicaría el uso de conexiones seguras (SSL), almacenamiento cifrado de datos y una clara política de privacidad.

Otro ejemplo claro sería una aplicación de gestión de contraseñas. Los usuarios necesitan saber que sus contraseñas están seguras y que la aplicación es confiable. Esto incluye no solo la tecnología detrás de la seguridad, sino mensajes claros y una experiencia de usuario que inspire confianza.

Comparación y relación con el Modelo de Calidad del Producto

Aunque el Modelo de Calidad del Producto y el Modelo de Calidad en Uso son distintos, se complementan de manera integral para ofrecer una experiencia de software robusta y agradable. El primero se enfoca en las características técnicas y cómo el software cumple con sus objetivos, mientras que el segundo se centra en la experiencia y la interacción del usuario final con el software.

Por ejemplo, un sistema puede ser técnicamente perfecto (Modelo de Calidad del Producto) pero podría fallar en satisfacer a sus usuarios si no es fácil de usar o no ofrece una experiencia agradable (Modelo de Calidad en Uso). Del mismo modo, un software que proporciona una excelente experiencia de usuario no será suficiente si falla en aspectos técnicos críticos como la seguridad o la fiabilidad.

La percepción del usuario final se forma a través de la combinación de ambos modelos. Los problemas técnicos pueden ser perdonados ocasionalmente si la experiencia del usuario es excepcional, y viceversa. Sin embargo, lograr la excelencia en ambos modelos proporciona una satisfacción completa que no solo retiene usuarios, sino que también convierte a los usuarios ocasionales en defensores entusiastas de tu software.

Imagina que estás construyendo un coche. El modelo de Calidad del Producto asegura que el motor funcione perfectamente, que los frenos respondan de inmediato y que la carrocería sea resistente. Por otro lado, el modelo de Calidad en Uso se asegura de que los asientos sean cómodos, que la conducción sea suave y que el sistema de entretenimiento sea intuitivo. Solo cuando ambos modelos están en armonía, tienes un coche que no solo es mecánicamente funcional, sino también un placer de conducir, generando una lealtad duradera del conductor.

En resumen, mientras el Modelo de Calidad del Producto crea la base técnica y estructural del software, el Modelo de Calidad en Uso se asegura de que esa estructura técnica se traduzca en una experiencia de usuario agradable, eficiente y segura. Comprender y aplicar ambos modelos te ayudará a diseñar y desarrollar software que no solo funcione, sino que también enamore a quienes lo usan.

7.5. Definición de métricas de calidad

Poner a prueba la calidad del software es como afinar un instrumento musical: cada cuerda debe ser tensada al punto justo para producir armonía. Sin embargo, no podemos mejorar lo que no podemos medir. Aquí es donde las métricas de calidad entran en escena. Vamos ahora a estudiar el arte y la ciencia de definir métricas de calidad, vinculándolas a las características y subcaracterísticas del estándar ISO/IEC 25010. El objetivo es tener un panorama claro de cómo establecer métricas pertinentes que aseguren un software de primera categoría.

Adecuación Funcional

Comencemos con la adecuación funcional, que habla del grado en el que el software cumple con las funciones y necesidades esperadas. Una métrica esencial aquí es el **Índice de Cumplimiento de Requisitos**. Esta métrica cuantifica cuántos de los requisitos funcionales definidos se han implementado correctamente y funcionan según lo especificado. Para medirlo, se puede llevar un registro de todos los requisitos y verificar, por ejemplo, el porcentaje de requisitos que han pasado todas las pruebas funcionales, lo que nos da una imagen clara de la adecuación funcional.

Eficiencia de Desempeño

Pasemos a la eficiencia de desempeño. Esta se enfoca en la forma en que el software utiliza los recursos de manera eficiente. Una métrica crucial aquí es el **Tiempo de Respuesta**. Este se mide en milisegundos y determina cuánto tarda una aplicación en responder a una solicitud del usuario. Probar el tiempo de respuesta bajo diferentes cargas te dará una visión sólida de la eficiencia de tu software. Además, otra métrica relevante es el **Uso de CPU y Memoria**, que mide el porcentaje de recursos utilizados durante la ejecución, asegurando que el software no sea demasiado voraz con los recursos del sistema.

Compatibilidad

La compatibilidad es la capacidad de un software para operar en diferentes ambientes y sistemas. Una métrica relacionada es el **Índice de Interoperabilidad**, que cuantifica cuán bien se integra el software con otros sistemas o aplicaciones. Puedes medir este índice mediante pruebas de integración con diferentes sistemas y servicios y registrar cualquier fallo encontrado. Otra métrica es el **Índice de Conformidad de Plataforma**, que verifica cuán compatible es el software con distintos sistemas operativos y navegadores. Este se puede medir probando el software en diversas plataformas y registrando cualquier incidencia de incompatibilidad.

Usabilidad

La usabilidad, la reina del software amigable, se mide a través de varias métricas. Una de las más importantes es el **Índice de Satisfacción del Usuario**. Este índice se obtiene mediante encuestas a los usuarios finales preguntándoles sobre su experiencia de uso. También relevante es la **Curva de Aprendizaje**, que mide cuánto tiempo les toma a los usuarios aprender a usar el software eficientemente. Puedes medir esta métrica observando a los nuevos usuarios mientras aprenden a usar la aplicación y registrando el tiempo necesario para completar tareas básicas sin ayuda.

Confiabilidad

En cuanto a la confiabilidad, una métrica fundamental es el **Tiempo Medio Entre Fallos (MTBF)**. Esta métrica calcula el tiempo promedio que transcurre entre fallos del sistema. Un MTBF alto indica un software confiable. Junto con esta métrica, se suele usar el **Tiempo Medio de Recuperación (MTTR)**, que mide cuánto tiempo le toma al sistema recuperarse después de un fallo. Estas métricas pueden obtenerse mediante la monitorización continua del sistema y el análisis de los registros de eventos.

Seguridad

La seguridad es inevitable y crítica. El **Índice de Incidentes de Seguridad** es una métrica que cuenta el número de incidentes de seguridad que ocurren en un periodo de tiempo determinado. Para complementarlo, tenemos la **Velocidad de Respuesta a Amenazas**, que mide cuánto tiempo le toma a tu equipo identificar y mitigar una amenaza de seguridad. Obteniendo estos datos a partir de herramientas de monitoreo y de gestión de incidentes, podemos estar al tanto de la robustez de nuestra seguridad.

Mantenibilidad

La mantenibilidad se refiere a la facilidad con la que se pueden realizar cambios y actualizaciones en el software. Una métrica importante aquí es el **Promedio de Ciclos de Corrección**. Esta métrica se refiere al promedio de iteraciones necesarias para corregir un defecto. Mientras menos iteraciones, mejor es la mantenibilidad del software. También tenemos el **Índice de Complejidad del Código**, que se mide a través de diversos indicadores como la complejidad ciclomática. Codificación más simple y menos compleja conduce a un software más mantenible.

Portabilidad

Finalmente, la portabilidad, que es la capacidad de un software para ser transferido de un entorno a otro, tiene métricas como el **Índice de Adaptabilidad**. Esta métrica mide el esfuerzo necesario para ajustar el software a diferentes ambientes u plataformas. Otra métrica es el **Índice de Instalabilidad**, que se refiere a la facilidad con la que se puede instalar o trasladar el software en nuevos entornos. Estas métricas se pueden evaluar mediante pruebas de instalación en diversas configuraciones y registrando el número de ajustes necesarios y problemas encontrados.

Resumen

En resumen, las métricas de calidad son el barómetro que asegura que tu software no solo cumple con los requisitos de negocio, sino que también sobresale en su desempeño y usabilidad. Un enfoque disciplinado en la medición y mejora continua, apoyado en métricas bien definidas y relevantes, es la clave para convertir un simple código en una obra maestra de la ingeniería del software.

8. Herramientas y técnicas para el Diseño de Software

8.1. Modelado y documentación de arquitectura

El modelado y la documentación de arquitectura son prácticas esenciales en la ingeniería de software. Ayudan a los equipos a comunicar conceptos complejos de manera clara y a tomar decisiones informadas sobre el diseño y la construcción del sistema. Estas herramientas no solo facilitan la colaboración entre los desarrolladores, sino que también sirven como referentes valiosos durante el mantenimiento y la evolución del software.

Herramientas de modelado y documentación

Utilizar herramientas de modelado y documentación efectivas puede marcar la diferencia en la calidad y claridad de la arquitectura de tu software. A continuación, exploramos algunas de las más utilizadas y cómo emplearlas para comunicar el diseño de manera eficiente.

UML (Lenguaje Unificado de Modelado)

UML es un lenguaje estandarizado que proporciona un conjunto de notaciones para modelar sistemas de software. Es extremadamente versátil y puede representar diversos aspectos del sistema mediante diferentes tipos de diagramas.

Un diagrama de clases, por ejemplo, representa la estructura estática del sistema mostrando las clases, atributos, métodos y relaciones entre ellas. Esto es útil para visualizar la arquitectura lógica y comprender cómo los diferentes componentes del sistema se relacionan entre sí.

Los diagramas de casos de uso son otra herramienta poderosa dentro de UML. Estos diagramas muestran las interacciones entre los usuarios y el sistema, representando los requisitos funcionales que la aplicación debe cumplir. Esto asegura que todos los miembros del equipo y las partes interesadas tengan una comprensión clara de las funcionalidades esperadas del sistema.

Los diagramas de secuencia detallan cómo los objetos interactúan en una secuencia de eventos. Estos son especialmente útiles para visualizaciones dinámicas, mostrando cómo se llevan a cabo las operaciones a lo largo del tiempo y cómo los diferentes componentes del sistema colaboran entre sí.

En resumen, UML permite visualizar la arquitectura del sistema de manera comprensible y estructurada, facilitando la documentación clara de requisitos, la exploración de diferentes enfoques y la mejora de la comunicación entre los desarrolladores y las partes interesadas.

Diagramas de flujo

Los diagramas de flujo son representaciones gráficas que muestran cómo se desarrollan los procesos o sistemas, etapa por etapa. Utilizan símbolos estandarizados para representar diferentes tipos de acciones y decisiones, lo que facilita la comprensión del flujo de trabajo.

Estos diagramas son particularmente útiles para describir procesos detallados, identificar posibles cuellos de botella y comunicar el diseño entre los miembros del equipo. Por ejemplo, un diagrama de flujo puede mapear el proceso completo de una transacción en un sistema de comercio electrónico, desde la selección del producto hasta el pago y la entrega.

La representación visual de estos pasos y decisiones no solo facilita la comprensión para los desarrolladores, sino que también ayuda a otros miembros del equipo, como los analistas de negocios y los gerentes de proyecto, a entender el flujo de trabajo y los puntos críticos.

Diagramas de secuencia

Los diagramas de secuencia, otro tipo importante de diagramas dentro de UML, representan las interacciones entre objetos en un orden temporal. Esto permite visualizar cómo los componentes del sistema se comunican entre sí a lo largo de una secuencia de eventos.

Estos diagramas son esenciales para modelar interacciones complejas y dinámicas. Por ejemplo, pueden usarse para detallar el proceso de checkout en un sistema de comercio electrónico, ilustrando cómo el usuario, el carrito de compras, el sistema de pagos y la base de datos interactúan paso a paso.

Al mostrar claramente la secuencia de mensajes y las interacciones, estos diagramas ayudan a identificar problemas de sincronización, como posibles fallos de comunicación o puntos donde el sistema podría bloquearse. También son útiles para mostrar cómo se manejan los eventos asíncronos y cómo las diferentes partes del sistema colaboran para completar una operación.

8.2. Diseño orientado a pruebas (Test-Driven Design)

El diseño orientado a pruebas, o Test-Driven Design (TDD), es una metodología de desarrollo que promueve la creación de pruebas unitarias antes de escribir cualquier código funcional. Este enfoque no solo mejora la calidad del código sino que también influye positivamente en el diseño del software. Adoptar TDD puede parecer contraintuitivo al principio, pero sus beneficios se vuelven evidentes a medida que se mejora la robustez y mantenibilidad del sistema.

¿Qué es TDD?

Test-Driven Design, o TDD, es una metodología de desarrollo que sugiere escribir pruebas antes de escribir el código que hace que esas pruebas pasen. En lugar de empezar con la implementación, los desarrolladores comienzan escribiendo una prueba que describe una pequeña unidad de funcionalidad que desean añadir. Luego, desarrollan el código mínimo necesario para pasar esa prueba.

Ciclo de desarrollo en TDD

El ciclo de TDD se puede desglosar en tres simples pasos: **Rojo**, **Verde**, y **Refactor**.

1. **Rojo**: Escribir una prueba que falle. Este paso asegura que la nueva funcionalidad aún no existe y valida que la prueba es efectiva.
2. **Verde**: Escribir el código mínimo necesario para hacer que la prueba pase. El objetivo aquí no es perfección, sino simplemente hacer que la prueba pase.
3. **Refactor**: Mejorar el código escrito, optimizando su estructura y eliminando redundancias, siempre asegurando que la prueba siga pasando.

Ejemplo práctico

Imaginemos que estás construyendo una calculadora con la simple función de sumar dos números. El enfoque TDD sería el siguiente:

1. **Rojo**: Escribes una prueba que afirma que `sumar(2, 3)` debe devolver 5. Dado que la función `sumar` aún no existe, la prueba falla.

2. **Verde**: Implementas la función `sumar` con el código más simple posible para hacer que la prueba pase: `function sumar(a, b) { return a + b; }`. Ahora, la prueba pasa.
3. **Refactor**: Revisas el código para asegurar que está optimizado y limpio. Aunque en este caso el código es trivial, de todos modos es una práctica útil.

Beneficios del TDD en el Diseño de Software

Mejora en la calidad del código

El TDD fuerza a los desarrolladores a considerar primero cómo se usará una función antes de implementarla, lo que lleva a interfaces más limpias y menos propensas a errores. Asimismo, escribir pruebas primero asegura que el código tiene una cobertura adecuada de pruebas desde el inicio.

Seguridad en refactorizaciones

Al tener una suite completa de pruebas desde el principio, los desarrolladores pueden realizar refactorizaciones y mejoras en el código con confianza, sabiendo que las pruebas alertarán si algo se rompe.

Código más modular y desacoplado

Dado que las pruebas unitarias se enfocan en pequeñas piezas de funcionalidad, el TDD fomenta la creación de código más modular y desacoplado. Esto se logra porque cada unidad de código necesita ser probada de manera aislada, lo que promueve una separación clara de responsabilidades.

Ejemplo detallado: Sistema de gestión de tareas

Consideremos un sistema de gestión de tareas donde los usuarios pueden añadir, eliminar y marcar tareas como completadas.

Primer paso: Definir una prueba para añadir tareas

Escribirías una prueba que verifique que una tarea añadida aparece en la lista de tareas. Por ejemplo:

```
it('debería añadir una nueva tarea a la lista', () =>
{
    const gestorTareas = new GestorTareas();
```

```
        gestorTareas.añadirTarea('Comprar leche');
    expect(gestorTareas.obtenerTareas()).toContain('Compra
    r leche');
    });
```

Esta prueba fallará inicialmente porque no existe una implementación para GestorTareas y sus métodos.

Segundo paso: Implementar el código mínimo para hacer pasar la prueba

Ahora, implementas el código necesario para pasar la prueba:

```
class GestorTareas {
    constructor() {
        this.tareas = [];
    }

    añadirTarea(tarea) {
        this.tareas.push(tarea);
    }

    obtenerTareas() {
        return this.tareas;
    }
}
```

En este punto, la prueba debería pasar.

Tercer paso: Refactorizar el código

Analizas el código para ver si hay formas de mejorarlo. En este caso, podrías considerar si la lista de tareas debería ser una propiedad privada o si necesitas algún manejo de errores.

Cultura del diseño basado en TDD

Para que el TDD sea efectivo, es crucial que se adopte como parte de la cultura del equipo. Esto implica:

- Formar a los desarrolladores en buenas prácticas de TDD.
- Fomentar la disciplina de escribir pruebas antes del código.
- Hacer que el equipo entienda los beneficios a largo plazo del TDD, como la facilidad para refactorizar y la reducción de errores en producción.

Inconvenientes y riesgos de usar TDD

Aunque el Diseño Orientado a Pruebas (TDD) ofrece numerosos beneficios, también tiene sus inconvenientes y riesgos que deben ser considerados. Uno de los principales desafíos es el tiempo y el esfuerzo adicional que requiere escribir las pruebas antes de implementar el código. En entornos con plazos ajustados, puede ser difícil justificar el tiempo invertido en TDD, especialmente cuando la presión por entregar funcionalidades rápidamente es alta. Además, la creación de pruebas efectivas y de alta calidad demanda habilidades y experiencia que algunos desarrolladores pueden no poseer inicialmente, lo que podría resultar en pruebas inadecuadas y una falsa sensación de seguridad.

Otro posible riesgo es la sobre-dependencia en las pruebas, lo que podría llevar a un exceso de confianza en la cobertura de pruebas existente. Las pruebas, aunque útiles, no pueden cubrir todos los escenarios posibles y pueden dejar escapar errores en casos extremos o poco comunes. Además, un enfoque excesivamente riguroso en TDD puede llevar a una falta de flexibilidad en el diseño inicial, ya que los desarrolladores podrían encontrarse atados a decisiones tomadas durante la fase de prueba sin contemplar soluciones más efectivas que podrían surgir posteriormente. También existe el riesgo de que las pruebas se conviertan en una carga de mantenimiento significativo a medida que el sistema evoluciona, especialmente si las pruebas no están bien diseñadas o documentadas, resultando en un aumento del esfuerzo requerido para mantener y actualizar tanto el código como las pruebas a lo largo del tiempo.

8.3. Refactorización de código

La refactorización de código es el proceso de modificar el código fuente de un programa para mejorar su estructura interna sin cambiar su comportamiento externo. Es como ordenar y limpiar una habitación: el espacio sigue siendo el mismo, pero es más funcional y agradable de usar. Refactorizar es esencial para mantener el código legible, fácilmente mantenible y libre de problemas técnicos que puedan obstaculizar su evolución futura.

Cuándo refactorizar código

Detectar cuándo es necesario refactorizar es una habilidad clave para cualquier desarrollador. A menudo, hay señales claras que indican la necesidad de una refactorización. Una de las señales más obvias es el "código que huele" (code smells), que son indicaciones superficiales de problemas más profundos en el código. Ejemplos de esto incluyen métodos demasiado largos, nombres de variables confusos, duplicación de código y clases con demasiadas responsabilidades.

Otra situación común que demanda una refactorización es cuando el desarrollo de nuevas funcionalidades se vuelve complicado y tedioso debido a una base de código desordenada. Si cada pequeña adición o modificación implica navegar por un laberinto de interdependencias, es momento de revisar y mejorar la estructura del código.

Cómo refactorizar con mínimo impacto

Refactorizar puede parecer una tarea desalentadora, especialmente en sistemas grandes y complejos. Sin embargo, siguiendo ciertos principios y técnicas, se puede minimizar el impacto y los riesgos asociados.

Primero, es fundamental tener una suite completa de pruebas automatizadas antes de empezar a refactorizar. Estas pruebas aseguran que mientras se reestructura el código, su funcionalidad externa se mantiene constante. Las pruebas actúan como una red de seguridad, validando que los cambios internos no introducen errores nuevos.

Segundo, adopta un enfoque incremental. En lugar de intentar refactorizar todo el sistema de una vez, realiza pequeños cambios y mejoras continuas. Por ejemplo, podrías comenzar refactorizando un método complejo dentro de una clase, mejorando su claridad y eficiencia antes de pasar a otros elementos. Este enfoque gradual reduce el riesgo de introducir errores y facilita la verificación de los cambios.

Además, sigue principios de diseño sólido durante la refactorización. Por ejemplo, aplicar el principio de " responsabilidad única" ayuda a asegurar que cada módulo o clase tenga una única responsabilidad, lo que mejora significativamente la estructura del código. Extraer métodos o clases cuando una función hace demasiado es una técnica común que puede clarificar y simplificar el diseño.

Medir los resultados de la refactorización

Es crucial medir los resultados de la refactorización para evaluar su efectividad. Uno de los métodos más directos es revisar los tiempos de desarrollo para nuevas funcionalidades. Si las tareas se completan más rápidamente y con menos complicaciones, es un indicio de que el código se ha vuelto más manejable.

Otra métrica valiosa es la cantidad de errores o bugs que se introducen con nuevas funcionalidades. Una reducción en la cantidad de bugs después de la refactorización sugiere que el código se ha vuelto más robusto y menos propenso a errores.

La calidad del código también se puede evaluar mediante revisiones de código (code reviews). Pide a tus compañeros de equipo que revisen el código refactorizado. Su retroalimentación sobre la legibilidad, claridad y estructura del código es un indicador importante de la mejora lograda.

Finalmente, las herramientas de análisis estático de código pueden ofrecer métricas cuantitativas sobre la complejidad del código, la duplicación y otros indicadores de calidad. Utilizar estas herramientas antes y después de la refactorización proporciona una medida objetiva de los beneficios obtenidos.

Ejemplo práctico: Refactorización de un método complejo

Consideremos un método que calcula el total de un carrito de compras. Este método originalmente coincide con múltiples responsabilidades: desde aplicar descuentos, calcular impuestos, hasta formatear los resultados.

Código original:

```python
def calcular_total(carrito, pct_descuento):
    total = 0
    for item in carrito:
        total += item['precio'] * item['cantidad']
    descuento = pct_descuento * total
    total -= descuento
    impuestos = calcular_impuestos(total)
    total += impuestos
    return f'Total: ${total:.2f}'
```

Refactorización:

Primero, identificamos las diferentes responsabilidades y las separamos en métodos más pequeños y específicos.

```python
def calcular_total(carrito):
    subtotal = calcular_subtotal(carrito)
    descuento = aplicar_descuento(carrito, subtotal)
    impuestos = calcular_impuestos(subtotal - descuento)
    total = subtotal - descuento + impuestos
    return formatear_total(total)

def calcular_subtotal(carrito):
    return sum(item['precio'] * item['cantidad'] for item in carrito)

def aplicar_descuento(carrito, subtotal):
```

```
    # lógica de descuento
    return 0  # por simplicidad

def calcular_impuestos(total):
    # lógica de cálculo de impuestos
    return total * 0.10  # por simplicidad

def formatear_total(total):
    return f'Total: ${total:.2f}'
```

Beneficios de la refactorización:
- **Claridad**: Cada función ahora tiene una única responsabilidad, haciendo que el código sea más fácil de entender y mantener.
- **Mantenibilidad**: Si cambian las reglas de descuento o impuestos, solo se necesita actualizar la función correspondiente sin afectar el resto del código.
- **Testabilidad**: Las funciones más pequeñas y específicas son más fáciles de probar de manera aislada.

En resumen

La refactorización es una práctica esencial para mantener la calidad y sostenibilidad del código a largo plazo. Al identificar cuándo es necesario refactorizar, adoptando un enfoque incremental y midiendo los resultados efectivamente, los desarrolladores pueden asegurar que sus sistemas no solo funcionen correctamente hoy, sino que también sean robustos y fáciles de mantener en el futuro. Comparado con simplemente añadir más código, refactorizar es una inversión en la salud y longevidad del sistema, asegurando que permanezca ágil y eficiente a medida que evoluciona.

8.4. Uso de frameworks y librerías

En el desarrollo de software, los frameworks y las librerías son herramientas fundamentales que facilitan enormemente el proceso de construcción de aplicaciones. Estas herramientas proporcionan estructuras y funcionalidades predefinidas que ayudan a los desarrolladores a escribir código más rápidamente y de manera más eficiente, permitiendo focalizarse en la lógica específica de la aplicación en lugar de reinventar la rueda.

Tipos de frameworks

Existen diversos tipos de frameworks, cada uno adaptado a diferentes necesidades y estilos de desarrollo. Por un lado, los frameworks web proporcionan una plataforma para desarrollar aplicaciones y servicios web, abarcando funcionalidades como el manejo de peticiones HTTP, la gestión de sesiones y la interacción con bases de datos. Estos frameworks suelen seguir patrones de diseño como MVC (Modelo-Vista-Controlador), facilitando la adopción de buenas prácticas de programación y una separación clara de responsabilidades.

Por otro lado, los frameworks front-end están orientados a la creación de interfaces de usuario interactivas y responsivas. Proporcionan componentes reutilizables, herramientas para la gestión del estado de la aplicación y facilitan la integración con APIs y servicios externos. Estos frameworks permiten a los desarrolladores construir interfaces complejas de manera más ágil y mantener una experiencia de usuario coherente y agradable.

Además, existen frameworks para aplicaciones móviles que simplifican el desarrollo de aplicaciones nativas para diferentes plataformas. Al ofrecer componentes específicos para interfaces móviles, manejo de datos offline y acceso a funcionalidades del dispositivo como la cámara o el GPS, estos frameworks ayudan a crear aplicaciones móviles robustas y eficientes con menos esfuerzo.

Ventajas de usar frameworks

Una de las principales ventajas de utilizar frameworks es la aceleración en el desarrollo. Proporcionan un conjunto robusto de herramientas y bibliotecas que cubren funcionalidades comunes, lo que permite a los desarrolladores concentrarse en los aspectos únicos de su aplicación. Esto no solo reduce el tiempo de desarrollo sino que también disminuye la probabilidad de errores al reutilizar código probado y confiable.

Los frameworks también promueven la consistencia y las mejores prácticas en el desarrollo. Al seguir una estructura y un flujo de trabajo predefinidos, los desarrolladores son guiados a organizar su código de manera estructurada y coherente. Esta consistencia facilita el mantenimiento del software a largo plazo, ya que cualquier desarrollador que se incorpore al proyecto puede entender rápidamente la estructura y el funcionamiento del código.

Otra ventaja significativa es el soporte y la comunidad que suelen acompañar a los frameworks populares. La documentación detallada, los foros comunitarios y los repositorios de ejemplos y extensiones contribuyen enormemente a resolver problemas y mejorar la eficiencia del desarrollo. La colaboración y el intercambio de conocimientos dentro de estas comunidades también fomentan la adopción de nuevas técnicas y tecnologías.

Desventajas de usar frameworks

Sin embargo, el uso de frameworks también presenta desafíos e inconvenientes que es importante considerar. Un problema común es que un framework puede no estar perfectamente adaptado a todas las necesidades particulares de una aplicación, lo que puede conducir a la adopción de soluciones subóptimas o a la incorporación de funcionalidades innecesarias. En otras palabras, la sobreabundancia de características puede resultar en un código más inflado de lo necesario, afectando el rendimiento y la simplicidad.

El entendimiento y la depuración del código también pueden volverse más complicados cuando se utiliza un framework. Gran parte del código base está oculto tras abstracciones, lo que puede dificultar la comprensión de lo que realmente está pasando "bajo el capó". Esto puede hacer que la detección y resolución de errores sean más desafiantes, especialmente para desarrolladores que no están profundamente familiarizados con el framework en cuestión.

Otro riesgo es la seguridad. Los frameworks pueden tener vulnerabilidades no descubiertas que, si no se solucionan rápidamente, pueden ser explotadas por atacantes. Al depender de un framework, la seguridad de la aplicación puede estar condicionada a la rapidez y eficiencia con la que se gestionan y corrigen estas vulnerabilidades. Hay que considerar que es más probable que un atacante busque vulnerabilidades en un framework que le da acceso a miles o millones de aplicaciones, que buscar vulnerabilidad a un software en particular.

Además, los frameworks suelen aplicar patrones y algoritmos generales que pueden no ser los más adecuados para todos los casos específicos de uso. Esto puede llevar a un desempeño subóptimo si el framework no permite personalizaciones o si estas son difíciles de implementar.

Por último, la adopción de un framework puede llevar a la sobrecomplicación de patrones y estructuras. Lo que podría haber sido una solución simple y directa puede volverse excesivamente compleja debido a la necesidad de adherirse a las convenciones y estructuras impuestas por el framework.

Implementación de patrones y arquitecturas con frameworks

¡No te asustes por esos riesgos! En general, los frameworks facilitan la implementación de patrones de diseño y arquitecturas eficaces que de otro modo serían complejas de construir desde cero. Al proporcionar componentes y mecanismos predefinidos, los frameworks aseguran que las aplicaciones se desarrollen siguiendo estructuras probadas y optimizadas para la escalabilidad y el rendimiento.

Por ejemplo, en una arquitectura orientada a servicios, un framework puede suministrar herramientas para la creación y gestión de APIs, así como funcionalidades para la comunicación entre servicios. Esto simplifica la construcción de sistemas modulares y facilita la integración entre diferentes partes de la aplicación.

En un contexto de aplicaciones móviles, los frameworks ayudan a implementar arquitecturas basadas en MVVM (Modelo-Vista-ViewModel) o MVP (Modelo-Vista-Presentador), proporcionando las herramientas necesarias para la separación de la lógica de negocios de la interfaz de usuario. Esta separación no solo mejora la testabilidad del código, sino que también facilita su mantenimiento y evolución.

En el desarrollo web, los frameworks suelen incorporar patrones de diseño como el MVC o el MVP, que segregan la lógica de negocios de la interfaz de usuario y de la gestión de datos. Esta separación clara de responsabilidades no solo facilita el desarrollo colaborativo, sino que también mejora la mantenibilidad y la escalabilidad de la aplicación.

En resumen

El uso de frameworks y librerías en el desarrollo de software aporta numerosas ventajas que facilitan la creación de aplicaciones robustas, escalables y eficientes. Proveen estructuras y funcionalidades predefinidas que aceleran el desarrollo, promueven la consistencia y permiten la implementación de patrones de diseño efectivos. Sin embargo, también presentan desafíos que deben ser gestionados, como la posible adopción de soluciones subóptimas, complejidades en la comprensión y depuración del código, posibles vulnerabilidades de seguridad y la sobrecomplicación de patrones. Equilibrar estos beneficios y desafíos es esencial para aprovechar al máximo los frameworks en el desarrollo de software. No escatimes tiempo en buscar diferentes opciones y plantearte que framework es el más adecuado para tu aplicación particular puede que no sea el más conocido)

9. Retos comunes y cómo superarlos

9.1. Gestión de la complejidad técnica

Diseñar software es bastante similar a planificar un viaje largo. Imagínate que decides atravesar un país enorme en coche. Si te lías demasiado con los detalles y no tienes un plan claro, podrías acabar perdido, cansado y olvidando las razones por las que emprendiste el viaje en primer lugar. Lo mismo pasa con la complejidad técnica en el desarrollo de software. Sin un buen mapa o estrategias claras, te puedes encontrar atrapado en un mar de código confuso y difícil de manejar.

Identificando la complejidad

Lo primero es reconocer el problema. La complejidad técnica se manifiesta de varias formas:

- **Código Espagueti:** Funciones gigantescas llenas de condiciones y bucles anidados.
- **Dependencias Cíclicas:** Módulos que dependen unos de otros, formando ciclos o grafos muy acoplados.
- **Funciones con Demasiadas Responsabilidades:** Métodos o clases que hacen más de lo que deberían y son dificilmente remplazables o refactorizables.

Una manera sencilla de identificar la complejidad es observar la velocidad en la que los nuevos desarrolladores se adaptan a tu código. Si se frustran y no logran entenderlo rápidamente, es una señal clara de que tenemos un problema.

Divide y vencerás

Aquí entra en juego la división de las responsabilidades.

Principio de Responsabilidad Única (SRP): Cada clase o módulo debe tener una única razón para existir. Imagina que tienes una clase `Factura`. Esta clase no debe encargarse de enviar la factura por correo, calcular impuestos y almacenar la factura en la base de datos. Separa esas responsabilidades en diferentes clases.

```java
public class Factura {
    private double total;

    public Factura(double total) {
        this.total = total;
    }

    public double getTotal() {
        return total;
    }
}

public class EnvioFactura {
    public void enviarPorCorreo(Factura factura) {
        // Lógica para enviar la factura
    }
}

public class CalculadorImpuestos {
    public double calcular(Factura factura) {
        // Lógica para calcular impuestos
        return factura.getTotal() * 0.2;
    }
}
```

Con esto, si necesitas cambiar algo relacionado con el envío de correos, solo necesitas modificar la clase `EnvioFactura`.

Elegir la arquitectura adecuada

Al igual que escoger el vehículo adecuado para un viaje largo, seleccionar la arquitectura correcta puede hacer la tarea mucho más manejable. Algunas arquitecturas que facilitan la gestión de la complejidad incluyen:

- **Arquitectura en Capas**: Divide tu aplicación en capas lógicas. Típicamente puedes tener una capa de presentación, una capa de negocio y una capa de datos. De esta forma cada capa tiene una responsabilidad claramente definida y puedes modificar una sin impactar las otras.

- **Microservicios**: Divide tu aplicación en pequeños servicios independientes que pueden ser desarrollados, desplegados y escalados de manera independiente. Esto puede ser comparado con un convoy de coches en lugar de un autobús enorme. Cada coche tiene un propósito específico y puede viajar a su propia velocidad. No obstante, cuidado con usar esta aproximación. Un mal diseño de microservicios puede generar mucha más complejidad y agravar el problema

Evitando dependencias complejas

Supongamos que estás construyendo una cadena de producción en una fábrica. Si cada máquina depende de que la anterior funcione perfectamente, cualquier fallo en una máquina paralizará toda la producción. De manera similar, las dependencias cíclicas en el código pueden llevar a problemas graves.

Una solución es usar **Inversión de Dependencias** e **Inyección de Dependencias**. Esto te permite cambiar dependencias de manera flexible y evitar esos ciclos.

Dibujar en un panel el grafo de dependencias de un proyecto a mi me ayuda mucho a detectar cuando estamos sobre-complicando la solución y necesitamos volver a la mesa de diseño.

Documentación y comunicación

No subestimes el poder de una buena documentación y comunicación clara. Un ejemplo sencillo: si estás trabajando en una receta de cocina compleja, tener las instrucciones claras y poder discutir cualquier duda con otros cocineros hará que el proceso sea mucho más llevadero.

- **Documentación Técnica**: Mantén documentadas las decisiones clave y las razones detrás de ellas.
- **Diagramas de Arquitectura**: Utiliza herramientas para crear diagramas que puedan visualizar fácilmente la estructura y las relaciones entre componentes.

Pruebas unitarias y de integración

Las pruebas son como las señales de tráfico en nuestro viaje. Te indican si vas por buen camino o si necesitas dar la vuelta. Implementar pruebas unitarias y de integración ayuda a detectar errores tempranos y asegura que cada parte del código funciona como se espera.

Refactorización continua

Finalmente, la refactorización continua es esencial. Es como darle mantenimiento regular a tu coche durante un viaje largo. No esperes hasta que algo se descomponga; en su lugar, mejora y ajusta continuamente tu código. Herramientas como linters o analizadores estáticos pueden ayudarte a identificar áreas problemáticas y esto puede ser un proceso continuo junto a tu ciclo de desarrollo.

En resumen, manejar la complejidad técnica es un arte tanto como una ciencia. Se basa en dividir responsabilidades, elegir la arquitectura adecuada, evitar dependencias complejas, mantener una buena documentación, implementar pruebas rigurosas y refactorizar continuamente. Si sigues estas prácticas, tu código será como un vehículo bien mantenido y podrás llegar a tu destino sin tropiezos.

9.2. Deuda técnica

Ah, la deuda técnica. Es ese préstamo inevitable que tomamos cuando decidimos cortar esquinas para sacar algo rápido. Claro, como cualquier deuda, necesitamos manejarla minuciosamente para evitar que crezca y nos sofoque. Vamos a sumergirnos en cómo identificar, manejar y priorizar la deuda técnica en proyectos, especialmente esos que tienen perspectivas a largo plazo.

¿Qué es la deuda técnica?

Para entender la deuda técnica, imagina usar una tarjeta de crédito para comprar algo que realmente necesitas. Obtienes el producto de inmediato, pero con el tiempo, tendrás que pagar intereses si no liquidas ese crédito pronto. La deuda técnica funciona de la misma manera: sacrificamos la calidad por la rapidez, lo que eventualmente vendrá con intereses.

Identificando la deuda técnica

Reconocer la deuda técnica es el primer paso. A veces, puede ser obvia, como ese código escrito rápido y sin pensar en las consecuencias. Pero otras veces, es más sutil. Aquí hay algunas señales de alerta:

- **Código Duplicado**: Pocas cosas hay más rápidas que copiar y pegar un mismo código en todos los sitios donde lo necesites. Pero cuando llegue el momento de hacer algún cambio, la cosa se complica. ¿Y si te olvidas de cambiar una de las copias?
- **Falta de Pruebas**: Lanzar código sin pruebas es como construir una casa sin pilares. Parece estar bien, hasta que viene un terremoto.
- **Documentación Desactualizada**: Si tu documento especifica A y tu código hace B, estás acumulando problemas para revisar más adelante. Yo casí prefiero un proyecto que no esté documentado, que un proyecto con una documentación muy desactualizada.
- **Evasión de Refactorizaciones Necesarias**: Cuando ves commits que incluyen comentarios como "TODO: Replantearlo mejor" a mi me dispara todas las alarmas. Saltarte el mantenimiento regular es una receta para algo catastrófico.

- **Dependencias Sin Control**: Bibliotecas que no se actualizan con regularidad pueden introducir vulnerabilidades o incompatibilidades. Si tienes que congelar la versión de una librería por un cambio que rompe compatibilidad con tu código, tómatelo como una señal roja de alerta.

Manejar la deuda técnica

Supongamos que has acumulado una deuda en tu tarjeta de crédito. ¿Cuál sería tu plan? Probablemente te sentarías, considerarías tus ingresos y gastos, y diseñarías un plan de pago. Manejar la deuda técnica es muy similar.

Auditar la deuda técnica

Primero, realiza una auditoría de tu deuda técnica. La transparencia es clave. Siéntate con tu equipo y dile:

- ¿Dónde está nuestro código duplicado?
- ¿Qué partes de nuestro sistema carecen de pruebas?
- ¿Qué módulos están sobrecargados de responsabilidades?
- ¿Que partes del código no están comentadas?
- ¿Que parches hemos tenido que añadir para arreglar problemas urgentes?

Una vez que tengas una lista clara, podrás priorizar.

Estrategias de pago de deuda técnica

- **Fishbone Analysis**: A veces, es mejor sentarse a analizar el origen del problema. ¿Generamos mucha deuda técnica? ¿Por qué ocurre? Quizas tenemos muchos bugs que nos obligan a hacer parches en caliente, o estamos intentando sacar features nuevas demasiado rápido para el tamaño del equipo. De vez en cuando, hacer un *Fishbone Analysis* puede ayudar al equipo a identificar prácticas que podrían mejorarse.
- **Refactorización Incremental**: Una vez más, divide y vencerás. Cada sprint o ciclo de desarrollo debe incluir tiempo para refactorización. No lo hagas todo a la vez; en lugar de eso, aborda pequeñas partes del código. Podrías usar técnicas como el **Boy Scout Rule**, que dice: "Deja el campamento mejor de lo que lo encontraste".

Priorizar la deuda técnica

No toda deuda técnica es igual. Hay gastos que tienen menos intereses y puedes diferir y otros que demandan atención inmediata (en general, es mejor pagar el recibo de la tarjeta de crédito, que amortizar la hipoteca).

Matriz de impacto vs. urgencia

Mafalda decía en una ocasión *"Como siempre: Lo urgente no deja tiempo para lo importante"*. ¡Que razón tenía! Muchas veces entramos en un bucle de hacer cosas que son urgentes y que nos quitan todo el tiempo, delegando las cosas importantes para más adelante. Salir de esa dinámica no es fácil, pero el primer paso (como siempre) es detectar que tienes un problema.

Utilizar una matriz que clasifique tus problemas según su impacto y urgencia puede ayuda a visualizar dónde debes concentrar tus esfuerzos.

- **Alto Impacto, Alta Urgencia**: Estas son las bombas de tiempo. Abórdales primero.
- **Alto Impacto, Baja Urgencia**: Estas son las tarjetas de crédito con alto interés. Planea pagarlas pronto, sino es fácil que se acumulen.
- **Bajo Impacto, Alta Urgencia**: Pequeños incendios que necesitas apagar. Hay que evitar que estos te drenen la capacidad de desarrollo del equipo
- **Bajo Impacto, Baja Urgencia**: Déjalo para mucho después.

Comunicación y transparencia

Tus stakeholders necesitan entender que la deuda técnica es una realidad y que, como toda deuda, necesita ser gestionada. Durante tus revisiones de sprint o reuniones de planificación, mantén la discusión abierta sobre el estado de la deuda técnica y el plan para abordarla.

Utiliza métricas e informes visuales para mostrar dónde estás y hacia dónde te diriges.

Medir y monitorear

Finalmente, es crucial medir el progreso. ¿Cómo saber si estás ganando la batalla contra la deuda técnica? Aquí es donde las **métricas** entran en juego.

- **Cobertura de Pruebas**: Asegúrate de que el porcentaje de tu código cubierto por pruebas esté aumentando.
- **Número de Bugs**: Idealmente, deberías ver una disminución en los errores reportados (si ignoras los bugs reportados, los usuarios eventualmente dejarán de reportarlos, pero no acostumbra a ser una buena estrategia ;)).
- **Satisfacción del Equipo**: Un equipo feliz y que rinde bien es un gran indicador de código manejable y claro.

En resumen, la deuda técnica, como cualquier deuda, necesita ser abordada de manera diligente. Identificarla, manejarla y priorizarla adecuadamente es crucial para mantener tus proyectos a largo plazo en buen estado. Si sigues estos pasos, estarás en buena posición para saldar tus deudas y mantener tu software en el camino correcto.

9.3. Sobreingeniería (Overengineering)

Vamos a ser sinceros. Todos hemos estado ahí. Te sientas frente a tu equipo, tu café humeante al lado, y la luz parpadeante de la pantalla te invita a sumergirte en una ola de creatividad técnica. Mientras codificas, una brillante idea aparece: "¿Y si hago esto de la manera más elaborada posible?". De repente, antes de que te des cuenta, estás construyendo un castillo donde simplemente necesitabas una cabaña. Bienvenido al fascinante, aunque peligroso, mundo de la sobreingeniería.

¿Qué es la Sobreingeniería?

Imagina que estás construyendo una caseta para tu perro. Necesitas algo simple: una estructura resistente, un techo y suficiente espacio para que tu perro se sienta cómodo. Sin embargo, te emocionas y decides instalar un sistema de calefacción, una cámara de vigilancia, un dispensador automático de premios, varias ventanas con persianas automáticas, detector facial en la puerta... Antes de darte cuenta, has gastado más tiempo, dinero y esfuerzo en la caseta del perro que en tu casa, y lo peor, tu perro solo necesitaba un refugio básico.

La sobreingeniería es cuando te das cuenta de que tu solución se ha vuelto exageradamente más compleja de lo necesario para el problema que intentas resolver. Es como usar una espada láser para cortar una rebanada de pan. Claro, es impresionante y todos en la oficina te mirarán con admiración, pero ¿realmente era necesario? Probablemente no (bueno, si tuviera una espada laser yo también la usaría para todo...).

Identificando la Sobreingeniería

El primer paso para solucionar un problema es reconocer que lo tienes. Aquí algunos signos que te indican que podrías estar cayendo en la trampa de la sobreingeniería:

- **Múltiples capas de abstracción innecesarias:** Si tu código parece un laberinto con interfaces y clases que no agregan valor real, es una señal.
- **Implementaciones de patrones de diseño innecesarios:** Crear un singleton para una constante o usar un patrón de fábrica para algo que sólo será instanciado una vez.

- **Desarrollar funcionalidades que nadie ha pedido (y quizá nunca usarán):** No hay frase más peligrosa en el diseño de software que *"por si acaso alguien algún día..."*.

¿Cómo evitar la Sobreingeniería?

¡Resistir es la clave! Aquí te dejo algunos consejos:

1. **KISS (Keep It Simple, Stupid):** Mantén tus soluciones tan simples como sea posible. La solución más sencilla será, probablemente, la más eficiente y mantenible. Un código de 10 líneas sin patrones de diseño se entenderá siempre mejor que uno de 500 que use todos los patrones explicados en el libro

2. **Refactorización:** No te obsesiones con hacer las cosas perfectas desde el inicio. Itera sobre tu código y mejora lo que sea necesario a su debido tiempo. No hay nada más frustrante que pasarte meses desarrollando la solución perfecta que luego no cumple los requerimientos del usuario (o que estos han cambiado o no se habían explicado correctamente)

3. **Recolección de Requerimientos:** Comunica activamente con los stakeholders para entender y adaptar las soluciones a las necesidades reales, no las imaginadas. Si tu no formas parte del público objetivo de tu solución, no intentes imponer tus ideas al mercado.

4. **YAGNI (You Aren't Gonna Need It):** A menos que realmente necesites una funcionalidad específica, no la construyas. Los requisitos evolucionan, así que no anticipes en exceso.

5. **No reinventes la rueda:** A lo largo de mis años en Kompyte, he programado un framework web e incluso un motor de bases de datos OLAP propio. ¿Hubiera tardado mucho menos buscando una solución consolidada en el mercado para ello? Claro, pero ¿y lo que me he divertido? Hacer las cosas *porque puedes* es el camino más rápido para hacer sobreingeniería

Medir y mejorar

Para asegurarte de que no estás cayendo en la trampa de la sobreingeniería:

1. **Feedback de Usuarios:** Involucra a los usuarios y recolecta feedback temprano y continuamente. ¿Están utilizando las funciones que creaste?

2. **Revisiones de Código:** Realiza revisiones de código y fomenta que los otros revisen tu trabajo. Otro par de ojos puede señalar la sobreingeniería temprano.
3. **Simplificación Continua:** A medida que tu proyecto evoluciona, dedica tiempo para simplificar y eliminar complejidades innecesarias.

Conclusión

La sobreingeniería es tentadora. Todos queremos crear el próximo Google o Facebook, pero recuerda que incluso esos gigantes empezaron con soluciones simples y evolucionaron con el tiempo. El truco está en enfocarte en resolver el problema actual de la forma más directa y eficiente posible, y dejar espacio para crecer y adaptarte conforme las necesidades lo requieran.

Así que la próxima vez que te encuentres gimiendo con entusiasmo ante la idea de una implementación ultra-compleja, respira hondo, recuérdate las siglas KISS y YAGNI, y construye la cabaña sencilla que tu perro realmente necesita. Tu equipo y tu futuro yo te lo agradecerán.

9.4. Gestión del legado (Legacy Code)

Si alguna vez has tenido que trabajar con código legado, sabes que puede sentirse como explorar una catacumba oscura llena de trampas. Pero, ¡oye! No estás solo en esta aventura. Casi todos los desarrolladores tarde o temprano tienen que lidiar con la bestia del código heredado. Así que, armémonos de valor y veamos cómo podemos enfrentarnos a este desafío monumental.

¿Qué es el código legado?

El código legado es como aquella vieja cómoda de tu abuela: funcional, pero un poco desgastada y, a veces, llena de sorpresas. Es el código que ha estado en producción durante años, ha pasado por múltiples manos y, bueno, no siempre ha sido tratado con el cariño que merece. En muchos casos, este código fue escrito con tecnologías antiguas, sin las mejores prácticas modernas y puede carecer de documentación clara. En el peor de los casos, es una bomba de relojería preparada para generar corrupción de datos en cuanto toques una coma.

Desafíos del código legado

Trabajar con código legado puede ser una tarea monumental debido a varios factores:

- **Complejidad y Falta de Claridad:** El código puede estar lleno de parches, hacks y soluciones de emergencia que lo hacen difícil de entender.
- **Dependencias Obsoletas:** Podrías encontrarte con librerías y frameworks que ya no se usan o soportan.
- **Falta de Pruebas:** La ausencia de pruebas unitarias o integrales puede hacer que cualquier cambio sea un juego de ruleta rusa.

Refactorización incremental

Una de las mejores formas de lidiar con el código legado es la refactorización incremental. No te plantes derribar la casa y reconstruirla desde cero, a menos que sea absolutamente necesario y tengas tiempo y recursos ilimitados (spoiler: si crees que los tienes, probablemente no estás entendiendo algo). En lugar de eso, apunta a mejorar pequeñas partes del código a lo largo del tiempo.

Estrategias de refactorización

1. **Divide y Vencerás:** Aborda una pequeña sección del código a la vez. Puede ser una función, un módulo o una clase.
2. **Documenta Todo:** A medida que refactorizas, agrega comentarios y documentación. Si puedes, crea o mejora la documentación técnica existente. Piensa que es mejor tener una función documentada que ninguna
3. **Refactoriza antes de añadir código:** Antes de añadir nuevas funcionalidades, dedica algo de tiempo a limpiar el código que tocarás. Esto hará más sencillo añadir esas nuevas funcionalidades de manera limpia.
4. **Code Reviews y Pares:** Trabaja en paralelo con otros miembros del equipo para revisar los cambios y asegurar que no se introducen nuevos problemas. Si no hay una completa cobertura de tests automáticos, tendrás que hacer tests manuales.

Uso de pruebas automáticas

Las pruebas son tu red de seguridad. Si el código legado no tiene pruebas, el primer paso no debería ser cambiar el código, sino escribir pruebas alrededor del código existente.

No pretendas tener un 100% de cobertura en el código legado antes de empezar a trabajar (esto probablemente llevaría más tiempo y recursos que reprogramarlo todo de cero). En lugar de eso, identifica los puntos críticos del sistema y cúbrelos de tests. Si tienes que refactorizar una función, añade primero los tests y comprueba que pasan antes de refactorizarla.

Estrategias de pruebas

1. **Pruebas de Aceptación:** Antes de hacer cambios, escribe pruebas que validen el comportamiento actual del sistema. Esto asegurará que cualquier cambio no rompa funcionalidades.

2. **Pruebas Unitarias:** Descomponer el código en unidades más pequeñas y escribir pruebas unitarias ayudará a garantizar que cada parte funcione como se espera.

3. **Pruebas Integrales:** Asegúrate de que las partes que funcionan juntas en realidad lo hacen, en ambientes que simulen la producción.

Añadir nuevas funcionalidades

Añadir nuevas funcionalidades sin romper el sistema es un arte. Aquí hay algunas técnicas para lograr esto:

1. **Feature Toggles (Interruptores de Funcionalidad):** Permiten habilitar y deshabilitar características sin modificar el código.

2. **A/B Testing:** Implementa la nueva funcionalidad de manera gradual a un subconjunto de usuarios para validar su efectividad antes de un lanzamiento completo.

3. **Modularización:** Al añadir nuevas funcionalidades, hazlo de manera modular. Esto facilita el mantenimiento y reduce el riesgo de introducir errores en el código existente.

Ejemplo: Uso de Feature Toggles

Supongamos que deseas introducir una nueva característica en tu función, pero quieres hacerlo seguro:

```python
def process_data(data, new_feature=False):
    result = []
    for item in data:
        if item.is_valid():
            if item.value > 10:
                processed_item = item.process()
                if new_feature:
                    processed_item = enhance_item(processed_item)
                result.append(processed_item)
    return result

def enhance_item(item):
    # Nueva funcionalidad aquí
    return item * 2
```

Puedes activar o desactivar la nueva funcionalidad mediante el parámetro `new_feature`.

Conclusión

El manejo del código legado puede parecer una tarea abrumadora, pero con un enfoque sistemático y disciplinado, puedes transformarlo en una base sólida para futuras innovaciones. La clave está en mejorar de manera incremental, usar pruebas automáticas como tu red de seguridad y añadir nuevas funcionalidades de manera modular y segura.

Así que, coge tu linterna, tu mapa y tus herramientas, y adéntrate en la catacumba del código legado con confianza. Como cualquier buen aventurero, el tesoro (un sistema robusto y mantenible) bien valdrá la pena.

9.5. Problemas de escalabilidad

Ah, la escalabilidad. Ese mar seductor y traicionero en el que todos los diseñadores de software debemos sumergirnos tarde o temprano. Construyes tu aplicación, lanzas el primer *Producto Mínimo Viable* (MVP) y, de repente, ¡boom! Tienes más usuarios de los que puedas contar. ¿Conoces el término *morir de éxito*? El éxito rápido puede ser maravilloso, pero viene con su propio conjunto de desafíos.

Escalar tu sistema no es solo pagar más maquinas. Cuando llega el momento de escalar, es cuando se pone a prueba la calidad del diseño del software.

¿Qué es la escalabilidad?

La escalabilidad es la capacidad de un sistema para manejar un crecimiento en la carga de trabajo en forma eficiente. Puede implicar el aumento en el número de usuarios, la cantidad de datos procesados, las solicitudes servidas, etc. Un sistema escalable puede ajustarse y continuar funcionando sin una degradación significativa en su rendimiento.

Tipos de escalabilidad

Vamos a repasar los conceptos de escalabilidad vertical y horizontal que ya vimos en un capitulo anterior

Escalabilidad vertical

La escalabilidad vertical implica mejorar la capacidad de un único servidor agregando más recursos (CPU, RAM, almacenamiento). Es como cambiar tu computadora antigua por una nueva y más potente. Fácil solución, pero con límites naturales. Eventualmente te toparás con el "techo" de lo que una sola máquina puede manejar.

Escalabilidad horizontal

Esta estrategia se basa en agregar más máquinas o nodos al conjunto de recursos. Imagina que en lugar de cambiar tu coche por uno más grande, decides comprar varios coches y distribuir la carga de pasajeros entre ellos. Con esta estrategia, hay más flexibilidad y capacidad para crecer.

Patrones de arquitectura escalable

Para vertebrar un sistema que escala de manera eficiente, algunas arquitecturas se han ganado un lugar prominente en la industria. Aquí describimos dos de las más importantes.

Microservicios

Los microservicios dividen una aplicación grande en servicios más pequeños, autónomos y enfocados en una única función. Esto no solo facilita la escalabilidad, sino también la mantenibilidad. Algunos de los beneficios incluyen:

- **Despliegue Independiente:** Cada microservicio se puede desplegar y escalar de forma independiente.
- **Tolerancia a Fallos:** Si un microservicio falla, no necesariamente afecta al resto del sistema.

- **Diversidad Tecnológica:** Puede usar diferentes tecnologías y lenguajes para diferentes microservicios, adaptándose mejor a las necesidades específicas.

Colas de mensajes

Las colas de mensajes permiten a los distintos componentes de un sistema comunicarse de manera asincrónica, lo que desacopla el procesamiento y mejora la escalabilidad. Es como dejar una nota en la puerta de tu vecino en lugar de esperar a que esté en casa. Las colas pueden manejar picos de carga y distribuir el trabajo equitativamente.

Optimización de bases de datos

Las bases de datos son un componente crucial en cualquier sistema grande, y escalarlas puede ser una tarea compleja. Aquí hay algunos enfoques comunes:

Sharding

El sharding divide una base de datos en varias "fracciones" más pequeñas, cada una de las cuales reside en un servidor diferente. Esto distribuye la carga y el almacenamiento, mejorando el rendimiento.

```
-- Ejemplo: Datos de usuarios distribuidos en shards
según la primera letra del nombre
-- Shard 1: Datos de usuarios con nombres A-M
-- Shard 2: Datos de usuarios con nombres N-Z
```

Replicación

La replicación implica tener múltiples copias de la base de datos en diferentes servidores. Esto mejora la disponibilidad y la tolerancia a fallos.

Cachés

El uso de cachés puede reducir significativamente la carga de la base de datos almacenando datos frecuentemente accesados en memoria.

Monitoreo y análisis de rendimiento

Para escalar efectivamente, necesitas saber dónde y cuándo tu sistema está fallando. Aquí es donde entra el monitoreo y el análisis de rendimiento.

Identificación de cuellos de botella

Algunas métricas clave para monitorear incluyen:

- **Latencia:** Tiempo que tarda una solicitud en ser procesada.
- **Throughput:** Cantidad de solicitudes que el sistema puede manejar por unidad de tiempo.
- **Uso de CPU y Memoria:** Para comprender el consumo de recursos de cada nodo o microservicio.
- **Errores y Excepciones:** Para detectar problemas tempranos antes de que se conviertan en fallas críticas.

Ejemplo: Escalabilidad de una API de E-commerce

Supongamos que tienes una API para un sitio de comercio electrónico que inicialmente satisface la carga, pero con el crecimiento has empezado a notar problemas de escalabilidad.

Problema: API Monolítica

El servidor único dedicado a tu API comienza a mostrar tiempos de respuesta lentos y ocasionales caídas bajo alta carga. Has escalado verticalmente el servidor, pero la mejora de rendimiento es baja.

Solución: Descomponer en Microservicios y usar caché

1. **División en Microservicios:** Separa funcionalidades clave como la gestión de usuarios, el catálogo de productos y el carrito de compras en servicios independientes. De ese modo, podremos escalarlos independientemente y detectar cual requiere más recursos.

2. **Implementación de Colas:** Introduce colas de mensajes para manejar actualizaciones de inventario y envío de correos, moviendo estas operaciones fuera del flujo principal de la API. Es mejor tardar 5s más en enviar un email que en servir la página de productos.

3. **Optimización de Base de Datos:** Introduce un caché como Redis para almacenar resultados frecuentes de consultas y evitar golpes constantes a tu base de datos principal. Presta especial cuidado en que datos se pueden cachear y cual debe ser la política de lectura/escritura para asegurar la consistencia

4. **Monitoreo Activo:** Usa herramientas de monitorización para visualizar las métricas, identificar cuellos de botella y ajustar tu infraestructura conforme sea necesario.

Implementar estos pasos te ayudará a mejorar el rendimiento de tu API y prepararla para el siguiente nivel de crecimiento. Podrás ajustar el coste de cada servicio para asegurar que pagas por lo que necesitas, y que la experiencia de usuario sea la óptima en todo momento

Conclusión

Escalar un sistema no es tarea sencilla, pero con las estrategias adecuadas, puedes transformar un barco chirriante en una potente nave que surca los mares de usuarios y datos crecientes con gracia. Siempre ten en mente que la escalabilidad no solo se trata de agregar más recursos, sino de hacerlo de manera inteligente y estratégica.

A medida que tu sistema crezca, tendrás que ajustar, monitorizar y optimizar continuamente. Pero una buena planificación y el uso de patrones y técnicas adecuados facilitarán que tu viaje sea mucho más suave.

9.6. Falta de documentación

El problema:

Cuando empiezas un proyecto, estás ilusionado y lleno de ganas de escribir código. Normalmente el equipo es pequeño, y el código apenas son unos cientos de líneas de código. ¿Que necesidad hay que perder tiempo documentando? ¡El código se entiende solo! El equipo tiene una visión global de todo el proyecto y, si viene alguien nuevo, en un par de días se le enseña todo ¿cual es el problema?

El problema no aparece de la noche a la mañana. Ningún día te pondrás a programar y pensarás: *"Ayer no hacía falta documentación, pero hoy ya si"*.

Probablemente, la falta de documentación sea la primera deuda técnica que empiezan a acumular casi todos los proyectos. Una tarea desagradecida que todo el equipo va posponiendo y, cuando te quieres dar cuenta, tienes una auténtica caja negra que funciona, pero nadie sabe ni entiende como.

Estrategias para crear documentación mínima viable pero efectiva

ADRs (Architectural Decision Records)

Los ADRs son como los diarios secretos de tu software. Documentan las decisiones arquitectónicas clave y las razones detrás de ellas. Cuando surja la pregunta *"¿Por qué demonios decidimos hacerlo así?"* (y creeme que surjirá), los ADRs serán tu respuesta. No hace falta un tratado, algo breve y conciso es más que suficiente.

- **Qué incluir en un ADR:**
    - Contexto: ¿Cuál es el problema o la necesidad?
    - Decisión: ¿Qué has decidido y por qué?
    - Consecuencias: ¿Qué implicaciones tiene esta decisión?

También es muy util incluir las soluciones que has descartado y el motivo para descartarlas. Esto será de gran ayuda para no volver a considerar las mismas opciones descartadas en el futuro

Comentarios

Los comentarios son como las notas adhesivas que dejas en tu escritorio. No abuses de ellos, pero colócalos estratégicamente.

- **Buenas prácticas de comentarios:**
    - No comentes lo obvio. i++ no necesita una explicación.
    - Comenta el porqué, no el qué. Por ejemplo, "incrementar el contador para evitar solapamientos de IDs en bases de datos".
    - Recuerda actualizar los comentarios cuando se refactoriza e código

Recuerda que añadir más comentarios de los necesarios aumenta la cantidad de "código" que tienes que mantener. Un comentario incorrecto o desactualizado hace más daño que la ausencia de comentarios.

Diagramas UML

Los diagramas UML son como los mapas de Google para tu código. ¿Imaginan un viaje a un lugar desconocido sin un mapa? Imposible, ¿no? Los diagramas UML proporcionan un panorama claro de cómo se relacionan las distintas piezas de tu sistema.

- **Tipos útiles:**
    - Diagramas de clases: Para entender las relaciones entre clases y objetos. También son muy utiles para diseñar correctamente

los esquemas de las bases de datos, normalizarlos y optimizarlos.
- Diagramas de secuencia: Para visualizar cómo interactúan los componentes en tiempo real. También se pueden usar para describir los casos de uso en la comunicación con el cliente o el departamento de producto.

Especificaciones de APIs

Si los ADRs son los diarios y los diagramas UML son los mapas, las especificaciones de API son las reglas del juego. Estas especificaciones definen cómo los diferentes componentes interactúan entre sí.

- **Qué incluir:**
    - Endpoints: `GET /users, POST /orders`.
    - Parámetros: ¿Qué espera cada endpoint?
    - Respuestas: ¿Qué devuelven?

Piensa que, cuando el producto escale, es muy posible que el equipo se fragmente en equipos especializados en un componente concreto. Las especificaciones de las APIs (tanto externas como internas) facilitan y coordinan la comunicación entre equipos.

Cómo mantener la documentación actualizada en entornos ágiles

Sabemos que el mundo ágil se mueve rápidamente y puede parecer que no hay tiempo para mantener la documentación. Pero es fundamental hacerlo y hacerlo bien.

Integrar la documentación en el flujo de trabajo

Haz de la documentación una parte natural de tu flujo de desarrollo. Piénsalo como cepillarte los dientes; no te lo saltas porque es esencial para tu salud dental, ¿verdad?

- **Estrategias:**
    - **Revisión de código:** Incluye la verificación de la documentación como parte de las revisiones de código.
    - **Definición de terminado (DoD):** Tu equipo debería acordar que una historia no está "hecha" si la documentación no está actualizada.

Automatización de tareas

Usa herramientas que integren la generación y mantenimiento de la documentación en tu flujo de desarrollo.

- **Integraciones CI/CD:** Configura tus pipelines para incluir pasos que generen y verifiquen la documentación.
- **Hook de pre-commit:** Utiliza hooks que obliguen a la actualización de documentación antes de permitir un commit.

Conclusión

La documentación puede parecer una tarea aburrida y tediosa, pero es crucial para la mantenibilidad y escalabilidad del software. Piensa en ella como ese fiel mapa y diario secreto que te guiará a través de las zonas desiertas de tu código. Utiliza ADRs, comentarios, diagramas UML, y especificaciones de API para crear una documentación mínima viable pero efectiva. Y no olvides las herramientas automáticas como Swagger y JSDoc para agilizar el proceso.

9.7. Problemas de dependencias externas

El Problema:

Imagínate construyendo una casa usando ladrillos de diferentes proveedores y cada uno con sus propias características. Un día, un proveedor cambia la composición de sus ladrillos y tu casa empieza a mostrar fisuras. El uso excesivo o mal gestionado de dependencias externas en el software puede resultar en vulnerabilidades, problemas de compatibilidad y dificultades en las actualizaciones, muy parecido a esa casa en problemas. Casi todo el software moderno se construye incluyendo paquetes y bibliotecas externos que permiten ahorrar tiempo y esfuerzo. Pero, como con todo, un exceso y una mala gestión pueden acarrear más problemas que soluciones.

Estrategias para controlar y auditar dependencias

Uso de herramientas de auditoría

Las herramientas como Dependabot y Renovate son como tus inspectores de edificios. Ellos te ayudarán a revisar los materiales (dependencias) y asegurarte de que todo esté en orden y actualizado.

- **Dependabot:** Este inspector revisa tu código base periódicamente y te alerta de dependencias obsoletas o con vulnerabilidades conocidas, creando Pull Requests automáticos para que solo necesites aprobar las actualizaciones.
- **Renovate:** Funciona de manera similar a Dependabot, pero con un enfoque más flexible y configurabilidad. Renovate permite configurar reglas específicas para diferentes tipos de dependencias y frecuencias de revisión.

Ambos pueden ser integrados fácilmente en sistemas de control de versiones como GitHub.

Beneficios de usar estas herramientas:

- **Economía de Tiempo:** Facilitan la identificación y actualización de dependencias.
- **Seguridad:** Detectan vulnerabilidades conocidas y te alertan antes de que se conviertan en un problema mayor.
- **Automatización:** Menos trabajo manual y menos posibilidad de errores humanos.

Evitar la dependencia excesiva de bibliotecas externas sin análisis de costo/beneficio

Pensemos en las dependencias como en los ingredientes que usamos al cocinar. Aunque puede ser tentador comprar todos esos ingredientes exóticos y preelaborados, a veces es mejor ceñirse a los ingredientes básicos que puedes controlar plenamente.

Preguntas cruciales antes de añadir una nueva biblioteca:

1. **¿Realmente la necesitamos?** Si puedes implementar funcionalidad similar con tu propio código, podrías evitar molestias futuras. (¡Cuidado!

No estoy diciendo que lo programes todo de cero simplemente porque puedas)
2. **¿Está bien mantenida?** Revisa la frecuencia de actualizaciones y popularidad. Una biblioteca sin actualizaciones recientes podría ser una bomba de relojería.
3. **¿Qué tan popular es?** Las bibliotecas usadas por una comunidad grande y activa tienden a ser más seguras y fiables.

Análisis de costo/beneficio:

Evalúa no solo el esfuerzo inicial de integrar una dependencia, sino también el costo a largo plazo de mantenerla actualizada y segura. Puedes compararlo con el costo de otras dependencias y con el coste de programarlo tu mismo. Si tomas una decisión informada, es más difícil que aparezcan imprevistos.

Cómo gestionar actualizaciones y evitar la obsolescencia de dependencias

Como guardar el inventario de una tienda, mantener un control estricto sobre las versiones de tus dependencias puede prevenir muchos dolores de cabeza.

Versionado semántico:

El "versionado semántico" (Semantic Versioning) es el GPS que te ayudará a navegar por las actualizaciones de dependencias. Las versiones siguen un formato `MAJOR.MINOR.PATCH`:

- **PATCH:** Cambios menores y parches de bugs. `1.0.1 -> 1.0.2`
- **MINOR:** Nuevas características que no afectan funcionalidades existentes. `1.1.0 -> 1.2.0`
- **MAJOR:** Cambios que pueden contener rupturas importantes en tu código. `1.0.0 -> 2.0.0`

Estrategias para actualizaciones:

1. **Actualizaciones Regulares:** No esperes demasiado para actualizar las dependencias. Realiza auditorías periódicas para mantener siempre al día tu proyecto.
2. **Entornos de Prueba:** Prueba las actualizaciones en un entorno separado antes de incorporarlas a tu base de código principal.
3. **Bloqueo de Versiones:** Usa un gestor de dependencias como `npm` (para JavaScript) o `pip` (para Python) para bloquear las versiones que has probado y que sabes que funcionan bien. Pero ten siempre en

mente el punto 1. Si congelas versiones por mucho tiempo, el coste de actualizar y el riesgo de vulnerabilidades crecerán mucho

Comunicación del equipo:

La gestión de dependencias debe ser una responsabilidad compartida en todo el equipo. Mantén a todos al tanto de cambios importantes en las dependencias y asegúrate de que todos entienden las razones detrás de las actualizaciones.

Conclusión:

Las dependencias externas son esenciales para el desarrollo rápido de software, pero su uso tiene ciertos riesgos. Controlar y auditar las dependencias con herramientas como Dependabot y Renovate, evitar la inclusión excesiva sin un análisis de costo/beneficio y manejar las actualizaciones de manera proactiva son estrategias clave para mantener la estabilidad y seguridad de tu software. Con estos pasos, tu proyecto será tan robusto y seguro como una casa bien construida.

9.8. Problemas de concurrencia

El problema:

Vamos a imaginar una cocina con varios chefs trabajando al mismo tiempo en diferentes platos. Si no hay una coordinación adecuada, dos chefs pueden añadir la sal o los condimentos al mismo plato y provocar un caos culinario. Comparativamente, los problemas de concurrencia en un sistema de software pueden resultar en condiciones de carrera, bloqueos, o incluso deadlocks, volviendo al sistema tan inestable como esa cocina desorganizada.

Soluciones:

Uso de patrones como Lock, Semaphore y Monitor para gestionar el acceso a recursos compartidos

Los patrones de sincronización son como las normas de la cocina para asegurar que cada cocinero atienda sus propias responsabilidades usando los recursos compartidos de la cocina.

1. **Locks (Cerraduras):**

Imagina un candado que un chef pone en el cuchillo. Mientras tenga la llave, nadie más puede usar ese cuchillo. Los locks son útiles, pero deben ser usados con cuidado para evitar deadlocks (situación donde dos o más tareas esperan indefinidamente por recursos).

```
synchronized(lockObject) {
    // el código dentro de este bloque es
    seguro, ningún otro hilo puede ejecutarlo al
    mismo tiempo
}
```

2. **Semaphores (Semáforos):**

Los semáforos son útiles cuando tienes recursos limitados y necesitas controlar cuántos hilos pueden acceder a ellos simultáneamente. Imagina una mesa con dos cuchillos y tres chefs. Solo dos chefs pueden usar los cuchillos a la vez.

```
Semaphore semaphore = new Semaphore(2); // solo
2 hilos pueden acceder al recurso a la vez
try {
    semaphore.acquire();
    // código que accede al recurso compartido
} finally {
    semaphore.release();
}
```

3. **Monitors (Monitores):**

Monitors combinan la sincronización y la condición para proporcionar un mecanismo más robusto de control de acceso a los recursos compartidos. Piensa en ellos como un mayordomo que decide quién puede usar qué recurso en cada momento.

```
synchronized(lockObject) {
    while (!condition) {
        lockObject.wait();
    }
    // código que ejecuta cuando la condición es
    true
}
```

Implementar modelos de programación concurrente como actores o transacciones de memoria

1. **Modelo de Actores:**

   El modelo de actores es como un equipo de chefs especializados donde cada uno se comunica a través de mensajes, eliminando la necesidad de acceso compartido a los utensilios. Cada actor tiene su propia copia de los ingredientes y es el único que puede modificarlos.

2. **Transacciones de Memoria:**

   Las transacciones de memoria son similares a una lista de compras donde puedes agregar o quitar elementos, pero no se confirma hasta que todo esté en orden. Usan un enfoque parecido a las transacciones en bases de datos, asegurándose de que todas las operaciones realizadas en un bloque atómico se completen exitosamente antes de confirmar los cambios, de lo contrario, se revierten.

   Esto es especialmente util cuando tienes estructuras de datos complejas que requieren varios pasos para modificarse.

Técnicas de pruebas específicas para sistemas concurrentes

Las condiciones de carrera en un software concurrente ocurren cuando múltiples hilos o procesos acceden y modifican un recurso de manera no controlada, lo que puede llevar a comportamientos inesperados o incorrectos. Este tipo de errores no se manifiestan siempre, sino que dependen del orden exacto de las ejecuciones de los hilos, lo que los convierte en problemas probabilísticos muy difíciles de detectar. En esencia, si dos o más hilos intentan leer y escribir un valor compartido simultáneamente, el resultado final puede variar según el orden en que se ejecuten las operaciones, haciendo que el error sea inconsistente y *difícil de reproducir*.

Por ejemplo, supongamos que dos hilos están incrementando una variable compartida, contador, que inicialmente tiene el valor 0. Si ambos hilos leen el valor de contador al mismo tiempo, ven el valor 0. Luego, ambos suman 1, y almacenan el resultado en contador. Lo que debería haber sido un incremento de 0 a 2, termina siendo solo un incremento de 0 a 1. Esto se debe a que ambos hilos leyeron el mismo valor antes de realizar la operación de incremento y sobrescribieron el resultado del otro hilo. Este problema no ocurre siempre; si los hilos se ejecutan en un orden diferente (por ejemplo, uno termina de leer, sumar y escribir antes de que el otro comience), el error no se manifiesta.

Otra de las frases más temidas para un diseñador de software es "cuando lo probé, funcionaba". Si escuchas esta frase, es posible que estes ante un problema de concurrencia.

¿Qué podemos hacer para detectar un error que no conseguimos reproducir de forma controlada? Existen un par de métodos para ello

1. **Stress Testing (Pruebas de Estrés):**

    Estas pruebas consisten en someter al sistema a una carga extrema para identificar cómo maneja las condiciones de máxima tensión. Cuando expones al sistema a una carga muy alta, existen muchas más posibilidades de que se dé una condición de carrera y que puedas detectarla.

2. **Race Condition Testing (Pruebas de Condiciones de Carrera):**

    Añade tests a todos los sitios donde identifiques que pueden darse condiciones de carrera (acceso simultáneo a un recurso por 2 o más hilos). Cuando sospeches de una condición de carrera entre 2 funciones, fuerza el error antes de solucionarlo. Por ejemplo, en el ejemplo del incremento de antes, puedes añadir una pausa entre la lectura y la escritura de 3s y luego ejecutar las 2 funciones en paralelo con una separación de 1s entre ellas. Si la función no está bien protegida, podrás reproducir el error el 100% de las veces, por lo que podrás asegurarte de que el mecanismo de control que añadas funciona (¡acuérdate de quitar luego las esperas!).

3. **Deadlock Testing (Pruebas de Bloqueo Mutuo):**

    Los deadlocks pueden ser difíciles de detectar porque no siempre se manifiestan de inmediato. Usa herramientas específicas para analizar y detectar posibles deadlocks en tu código. Si analizando el código sospechas de un posible candidato, aplica la misma técnica de antes para forzar que se reproduzca el error.

Conclusión

Cuando te das cuenta de que tu código tiene errores de concurrencia, es como descubrir una grieta en los cimientos de una casa que ya construiste. Arreglar esa grieta es importante, pero después de hacerlo, hay que preguntarse si la estructura general sigue siendo segura. Como hemos visto, para corregir esos errores de concurrencia añadimos bloqueos y sincronización, que actúan como candados para evitar que varias partes del código entren en conflicto. Sin embargo, esos candados siempre empeorarán el rendimiento (al reducir la paralelización), y en algunos casos, podríamos terminar con una casa (bueno, un programa) que funciona más lento que si hubiéramos construido algo más sencillo desde el principio, sin pensar en la concurrencia.

Además, si cuando diseñaste el programa no consideraste la posibilidad de este error de concurrencia, es posible que existan otros problemas ocultos esperando a salir a la luz. Es como si, al encontrar esa grieta, te dieras cuenta de que podría haber otras en lugares que aún no has visto. Estos errores, por su naturaleza probabilística, son como fantasmas: no siempre aparecen, y cuando lo hacen, es difícil reproducirlos y entender por qué suceden. Esto significa que podrían estar latentes en el código durante mucho tiempo, causando fallos intermitentes que son un verdadero dolor de cabeza para detectar y solucionar. Por eso, cuando te enfrentas a errores de concurrencia, es una buena idea revisar todo el diseño para asegurarte de que no haya más sorpresas desagradables escondidas.

9.9. Retos en la migración de sistemas

Mudarse de casa es un proceso estresante, y migrar sistemas antiguos o cambiar arquitecturas no es diferente. Si alguna vez has tratado de convertir un sistema monolítico en una arquitectura de microservicios, sabrás que no es una tarea fácil. Es un proceso lleno de riesgos y complejidades, pero no imposible si se hace bien. Imagina trasladar una biblioteca entera de un edificio a otro, libro por libro, sin perder ninguno en el camino y manteniendo el mismo orden. Eso es lo que queremos lograr aquí.

Identificando el problema

Migrar sistemas de una arquitectura a otra, o simplemente actualizar sistemas legacy, puede parecer una tarea monumental. Estas son algunas de las dificultades comunes que puedes encontrar:

- **Cortes de Servicio**: El proceso puede interrumpir tu servicio y confundir tanto a usuarios como a desarrolladores.
- **Compatibilidad**: Las nuevas tecnologías no siempre encajan sin problemas con las antiguas, dificultando hacer una migración gradual.
- **Costo y Tiempo**: La migración puede ser costosa y consumir mucho tiempo.

Afortunadamente, existen estrategias y patrones que pueden suavizar el camino y minimizar el riesgo.

Soluciones

Estrategias para migraciones graduales

1. **Migraciones Incrementales**

    Divide tu sistema en partes más pequeñas y migra cada parte de forma independiente. Esto permite minimizar riesgos porque puedes probar y validar cada etapa antes de avanzar. Desarrolla y despliega funcionalidades en la nueva arquitectura y redirige el tráfico paulatinamente.

- o **Piloto**: Implementa la nueva arquitectura en una pequeña parte del sistema. Si funciona bien, extiéndelo a otros componentes.
- o **División de Base de Datos**: Utiliza una base de datos con consistencia eventual al principio, y luego, de ser necesario, divide las bases de datos.

2. **Coexistencia de Arquitecturas**

Mantén ambos sistemas (el antiguo y el nuevo) en funcionamiento simultáneamente durante el período de transición. Esto permite a los usuarios utilizar el nuevo sistema mientras que el antiguo sigue estando disponible.

Uso de patrones de integración

1. **Strangler Fig Pattern**

Este patrón se inspiró en la higuera estranguladora, que crece alrededor de un árbol existente hasta reemplazarlo. Se trata de rodear el sistema antiguo con una nueva implementación, reemplazando componentes poco a poco hasta que el sistema antiguo desaparece.

- o **Proxy Reverse**: Implementa un proxy reverse que redirige el tráfico a la nueva aplicación cuando ya exista la funcionalidad, y al sistema legacy cuando aún no.
- o **Refactorizaciones Controladas**: Identifica funcionalidades que puedan ser migradas sin afectar al sistema entero y empieza por ahí.

Pruebas exhaustivas y entornos simulados

Antes de hacer una gran mudanza, siempre es bueno hacer una prueba. En el caso de una migración de sistemas, esto significa pruebas exhaustivas.

1. **Pruebas Automatizadas**

- o **Pruebas Unitarias y de Integración**: Asegúrate de que cada componente esté funcionando correctamente.
- o **Pruebas de Regresión**: Garantiza que las nuevas funcionalidades no rompan las existentes.

2. **Entornos Simulados**

- **Entornos de Staging**: Configura entornos de staging idénticos al de producción donde puedas probar la migra sin afectar a los usuarios finales.
- **Simulación de Carga**: Simula el tráfico y la carga real para identificar cuellos de botella antes de la migración definitiva.

Implementando y midiendo

Implementación

1. **Planificación Detallada**

   Crea un plan de migración detallado que cubra cada paso del proceso, incluidas las pruebas y las posibles mitigaciones de riesgos.

2. **Automatización de Despliegues**

   Facilita la implementación usando pipelines de CI/CD que automaticen la construcción, pruebas y despliegue del nuevo sistema.

3. **Monitorización y Soporte**

   Mantén una estrecha vigilancia del sistema durante la migración y después de ella. Configura alertas y monitorización para reaccionar rápidamente ante cualquier problema.

Medición

1. **Métricas de Rendimiento**

   - **Latencia y Velocidad**: Mide el rendimiento antes y después de la migración para asegurarte de que el nuevo sistema esté a la altura o mejore.
   - **Tasa de Errores**: Monitoriza cualquier incremento en errores durante y después de la migración.

2. **Feedback de Usuarios**

   - **Encuestas y Reportes de Incidentes**: Obtén feedback directo de los usuarios sobre su experiencia.
   - **Soporte Técnico**: Vigila las llamadas al soporte para detectar problemas tempranos.

Conclusión

Una migración de sistemas bien ejecutada requiere tiempo, cuidado y precisión. No es algo que se deba apresurar. Imagina que estás resolviendo un rompecabezas complejo; cada pieza debe colocarse con precisión para que el cuadro completo tenga sentido. Con una estrategia bien planificada y las herramientas adecuadas, puedes llevar a cabo una migración exitosa y mejorar la arquitectura de tu sistema drásticamente.

10. El futuro del diseño de Software

La tecnología avanza a una velocidad vertiginosa, y el diseño de software no es la excepción. En este capítulo exploraremos algunas de las tendencias más prometedoras que están moldeando el futuro del desarrollo de software. Desde la inteligencia artificial hasta la computación cuántica, el panorama está repleto de innovaciones emocionantes que transformarán la forma en que concebimos, desarrollamos y mantenemos aplicaciones. Vamos a sumergirnos en estas tendencias y ver qué nos depara el futuro.

10.1. Inteligencia Artificial y Aprendizaje Automático

La inteligencia artificial (IA) y el aprendizaje automático (ML) están comenzando a desempeñar un papel crucial en el diseño de software. Estas tecnologías no solo están ayudando a automatizar la generación de código, sino que también están asistiendo en la detección automática de patrones en grandes sistemas, lo que conduce a un software más eficiente y de alta calidad.

Imagina un mundo donde tu entorno de desarrollo integrado (IDE) puede sugerir automáticamente cómo refactorizar tu código para mejorar su rendimiento o mantenerlo más limpio. Esto ya está sucediendo gracias a la IA. Herramientas como estas no solo hacen sugerencias inteligentes, sino que aprenden de nuestros patrones de codificación y mejoran constantemente.

También estamos viendo el surgimiento de herramientas basadas en machine learning que optimizan el rendimiento y la escalabilidad de las aplicaciones, analizando grandes volúmenes de datos para identificar cuellos de botella y oportunidades de mejora. En resumen, la IA y el ML están haciendo que el diseño de software sea más inteligente y autónomo.

10.2. Diseño basado en datos

El uso de datos para informar y optimizar el diseño de sistemas está cobrando gran importancia. En la era del Big Data, analizar grandes volúmenes de información nos permite identificar patrones de uso, predecir cuellos de botella y adaptar los sistemas en tiempo real.

Por ejemplo, con arquitecturas impulsadas por datos, las decisiones se basan en métricas en tiempo real, lo que permite una mayor precisión y agilidad en el ajuste de los sistemas. Las prácticas como el A/B testing y la personalización dinámica aprovechan los datos de los usuarios para influir en el diseño continuo del software, permitiendo adaptaciones rápidas basadas en el comportamiento del usuario.

Las herramientas que analizan grandes flujos de datos juegan un papel crucial aquí, proporcionando la capacidad de adaptar las arquitecturas conforme al análisis de datos, asegurando así un rendimiento óptimo y una experiencia de usuario superior.

10.3. Low-Code y No-Code Platforms

Las plataformas de desarrollo low-code y no-code están democratizando el diseño de software, permitiendo que personas sin conocimientos técnicos desarrollen aplicaciones sin escribir código. Esto está teniendo un impacto significativo en los equipos de desarrollo, liberando a los programadores para que se enfoquen más en la lógica de negocio avanzada.

Sin embargo, aunque estas plataformas facilitan la creación rápida de aplicaciones, también presentan ciertas limitaciones. Las plataformas no-code todavía están evolucionando y a menudo carecen de la flexibilidad y el control que un desarrollador experimentado puede requerir.

Más allá de sus limitaciones, las implicaciones en la calidad, escalabilidad y mantenimiento a largo plazo del software generado mediante estas plataformas son temas de debate constante. A medida que estas herramientas evolucionan, podrían cambiar radicalmente la forma en que pensamos sobre el desarrollo de software.

10.4. Computación cuántica y su impacto en el Software

La computación cuántica promete una revolución en el diseño y rendimiento del software, con capacidades que superan las limitaciones de la computación clásica. Estamos entrando en un período emocionante de exploración de nuevos lenguajes de programación y paradigmas para aprovechar al máximo esta tecnología.

La computación cuántica puede abordar problemas complejos, como el cifrado avanzado y la simulación molecular, de formas que antes eran inimaginables. Sin embargo, todavía estamos en las primeras etapas de desarrollo, enfrentándonos a desafíos significativos en la programación cuántica.

Aunque las aplicaciones comerciales masivas de la computación cuántica todavía pueden estar a años de distancia, los avances en esta área señalan un futuro en el que los límites de lo que podemos lograr con el software serán radicalmente diferentes.

10.5. Arquitecturas descentralizadas y Blockchain

Las tecnologías blockchain y las arquitecturas descentralizadas están cambiando la forma en que diseñamos software para aplicaciones distribuidas. Con blockchain, podemos asegurar la inmutabilidad, transparencia y descentralización, características vitales para aplicaciones que requieren alta seguridad y confianza.

Aplicaciones como las de Web3 y DeFi (finanzas descentralizadas) están impulsando nuevas arquitecturas de software que son resistentes a fallos y más transparentes. Sin embargo, el blockchain no está exento de retos. Las problemáticas de escalabilidad y sostenibilidad, especialmente el consumo energético, siguen siendo barreras significativas que deben ser superadas.

El futuro de las arquitecturas descentralizadas parece prometedor, y la evolución de esta tecnología podría redefinir cómo almacenamos, compartimos y protegemos nuestra información.

10.6. Serverless Architectures y la desaparición del backend tradicional

La computación serverless está revolucionando la gestión de servidores tradicionales, cambiando fundamentalmente el enfoque del diseño de software. En un mundo serverless, la escalabilidad automática y la reducción de costos operativos se vuelven más accesibles.

Aunque serverless presenta una solución elegante a muchos problemas de infraestructura, también introduce nuevos retos de diseño. La latencia, tiempos de respuesta impredecibles y limitaciones de tiempo de ejecución son desafíos que los desarrolladores deben ahora gestionar cuidadosamente.

La adopción de esta arquitectura está permitiendo a los desarrolladores centrar sus esfuerzos en la lógica de negocio, dejando los aspectos de infraestructura a soluciones de serverless gestionadas por terceros.

10.7. Edge Computing y el despliegue descentralizado

Con el auge de los dispositivos IoT y la necesidad de procesar datos en tiempo real, la computación en el borde (edge computing) está ganando terreno. Esta tendencia permite el procesamiento distribuido de datos, minimizando la latencia y habilitando aplicaciones sensibles al tiempo.

En la automatización industrial, de coches autónomos y de dispositivos médicos, el edge computing está transformando cómo y dónde se procesan los datos. La capacidad de manejar la seguridad y la sincronización en arquitecturas distribuidas es un componente crítico para el éxito de estas aplicaciones.

Diseñar software para edge computing requiere un enfoque innovador y atento a los detalles, pero las ventajas que ofrece en términos de rendimiento y rapidez de respuesta son invaluables.

10.8. Programación reactiva y sistemas Event-Driven

La programación reactiva y los sistemas basados en eventos están ganando popularidad, ya que permiten que el software responda de manera más eficiente a flujos de datos en tiempo real. Herramientas y frameworks como Kafka y RxJava facilitan la implementación de estas arquitecturas.

Los beneficios en sistemas distribuidos y microservicios, que requieren alta disponibilidad y escalabilidad dinámica, son numerosos. Sin embargo, también presentan desafíos en la gestión de la complejidad y la depuración.

La adopción de paradigmas reactivos está transformando cómo diseñamos aplicaciones modernas, haciéndolas más adaptables y responsivas ante cambios en su entorno operativo.

10.8. Computación sostenible y Software verde

La conciencia sobre la sostenibilidad está creciendo y el diseño de software está evolucionando para minimizar el consumo energético y reducir la huella de carbono. Estrategias como la optimización de los ciclos de CPU y memoria son fundamentales para crear software más eficiente energéticamente.

Medir el impacto energético del software y adaptar las arquitecturas en función de ese análisis es clave para el desarrollo sostenible. Tecnologías emergentes como blockchain y edge computing también juegan un papel en la sostenibilidad, aunque traen consigo sus propios desafíos.

El futuro del software verde depende de nuestra capacidad para innovar y diseñar sistemas que sean no solo eficientes sino también respetuosos con nuestro planeta.

10.10. Realidad Aumentada (AR) y Realidad Virtual (VR)

La realidad aumentada (AR) y la realidad virtual (VR) están transformando las interfaces de usuario y creando nuevos paradigmas de interacción. El diseño de software inmersivo para plataformas AR/VR requiere considerar factores como la baja latencia y la interactividad en tiempo real.

Nuevas herramientas y frameworks están emergiendo para facilitar el desarrollo de experiencias virtuales. Sin embargo, los desafíos en la creación de software inmersivo y escalable son significativos.

Las aplicaciones de AR y VR están no solo revolucionando el entretenimiento y los videojuegos, sino también sectores como la salud, la educación y la ingeniería, ofreciendo nuevas formas de interactuar con el mundo digital.

10.11. Software Autónomo y Auto-Optimizable

Finalmente, estamos entrando en la era del software autónomo, capaz de adaptarse y auto-optimizarse en función de las condiciones operativas, eliminando la necesidad de intervención humana constante. Algoritmos de autoajuste están optimizando el rendimiento del software basado en el uso y la demanda, mientras que la IA se utiliza para la auto-reparación, identificando y corrigiendo errores automáticamente.

Sin embargo, el desarrollo de software autónomo también plantea preguntas éticas y de seguridad que no podemos ignorar. La posibilidad de sistemas que operan independientemente sin supervisión humana supone riesgos que necesitan ser tratados.

En resumen, el futuro del diseño de software es emocionante, lleno de posibilidades y desafíos. Mantenerse al tanto de estas tendencias y adaptarse rápidamente será clave para cualquier diseñador o arquitecto de software que quiera seguir siendo relevante en este campo en constante evolución.

11. Conclusiones

¡Felicidades por llegar hasta aquí! Si has seguido todo el camino, ahora deberías tener una comprensión mucho más clara y profunda sobre qué implica diseñar software de alta calidad. Vamos a recapitular, reflexionar y pensar en cómo puedes continuar tu viaje para convertirte en un mejor diseñador de software cada día.

11.1. Resumen de Claves para un Buen Diseño

Diseñar software no trata sobre escribir código que funcione; es una disciplina que requiere pensar en términos de mantenibilidad, escalabilidad y robustez. Aquí hay algunas de las claves esenciales que hemos explorado a lo largo del libro:

- **Principios SOLID y Patrones de Diseño:** Estos principios no solo son teóricos; aplicarlos en tu trabajo diario puede transformar cómo estructurar y mantener tu código. No los olvides, pero mantén siempre un ojo crítico. Decidir cuando corresponde usarlos y cómo es tu tarea como diseñador.
- **Arquitectura:** Las decisiones arquitectónicas que tomes resonarán a lo largo del ciclo de vida del software. Considera siempre las necesidades actuales y futuras, y opta por arquitecturas que sean flexibles y escalables. No escatimes tiempo en diseñar una buena arquitectura, pero tampoco tengas miedo en dar un paso atrás y reconsiderar las decisiones tomadas si los requerimientos cambian
- **Pruebas y Mantenimiento:** El código no es algo que se escribe y se olvida, pero debería ser así. Las pruebas unitarias, la integración continua y las revisiones de código son prácticas esenciales para garantizar que tu software funcione como se espera y sea fácil de mantener.
- **Documentación y Comunicación:** Un buen diseño de software también implica ser capaz de comunicar tus ideas y documentar tu trabajo correctamente para que otros puedan entender y colaborar contigo. Los años de los programadores solitarios acabaron hace mucho tiempo.

En definitiva, diseñar software de alta calidad es un equilibrio entre el arte y la ciencia, entre la teoría y la práctica. No hay una fórmula mágica, pero con los principios y las prácticas adecuadas, puedes crear soluciones robustas y sostenibles.

11.2. El Camino del Diseñador de Software

El viaje para convertirte en un excelente diseñador de software no termina nunca. Siempre hay nuevas tecnologías, nuevos retos y nuevas lecciones por aprender. Aquí te dejo algunas reflexiones sobre cómo puedes seguir mejorando:

- **Aprendizaje Continuo:** La tecnología cambia rápidamente y lo que es válido hoy puede no serlo mañana. Mantente actualizado leyendo libros, blogs, participando en conferencias y siguiendo a líderes de pensamiento en el campo. Piensa en el capítulo anterior sobre el futuro del diseño, la mayoría de esas tecnologías tienen pocos años de vida, y apuntan a revolucionar el software como lo entendemos hoy.

- **Experiencia Práctica:** No hay mejor maestro que la experiencia. Trabaja en proyectos variados, colabora con otros desarrolladores y participa en comunidades de código abierto. Cada proyecto te enseña algo nuevo.

- **Mentorazgo y Comunidad:** Aprende de aquellos que tienen más experiencia que tú y, a su vez, comparte tus conocimientos con quienes están empezando. Ser parte de una comunidad te da perspectivas y soluciones que quizás no habías considerado.

- **Reflexión y Autoevaluación:** Tómate el tiempo para mirar hacia atrás y evaluar tus propios diseños y decisiones. ¿Qué funcionó bien? ¿Qué podrías haber hecho de manera diferente? La autoevaluación constante es crucial para el crecimiento profesional. Recuerda que se puede aprender mucho más de un mal diseño que de uno perfecto.

- **Escucha Activa:** Los requisitos de los clientes y usuarios son fundamentales. Escucha sus necesidades y preocupaciones para diseñar el software que realmente les sirva.

El diseño de software es un arte en constante evolución. Siempre habrá nuevas herramientas, nuevos lenguajes y nuevas metodologías. Lo importante es mantenerse curioso, ser resiliente y nunca dejar de aprender.

Así que, sigue adelante con confianza. Usa lo que has aprendido aquí como una base, pero nunca dejes de explorar y de buscar maneras de mejorar. El mundo del diseño de software siempre tiene algo nuevo que ofrecer, y tú, como diseñador, tienes otro tanto que aportar.

Muchas gracias por leer este libro. Espero que mi experiencia te haya servido, aunque sea, para darte cuenta de lo amplio que es el mundo del diseño de software. Al igual que tú, yo sigo buscando nuevos retos y nuevos aprendizajes que me sigan demostrando que, pese a mis años de experiencia, sigo siendo un estudiante con todo un mundo por descubrir.

www.ingramcontent.com/pod-product-compliance
Lightning Source LLC
Chambersburg PA
CBHW052157220526
45471CB00004B/1704